La viuda valenciana

Καὶ νέους θάρσυνε· νίκης δ' ἐν θεοῖσι πείρατα.
ΑΡΧΙΛΟΧΟΣ
ΕΛΕΓΕΙΑ, ΤΕΤΡΑΜΕΤΡΑ (57 D)

Anima tú a los jóvenes: a los dioses les toca determinar el triunfo.
ARQUÍLOCO
Elegías, tetrámetros (57 D)

CÁTEDRA BASE

La viuda valenciana

Lope de Vega

Edición de Elisa Hernández

CÁTEDRA

Colección dirigida por José Mas y M.ª Teresa Mateu

1.ª edición: abril de 2024

Diseño y cubierta: M. A. Pacheco y J. Serrano
Ilustración de cubierta: Jacob Ferdinand Voet, *Retrato de una mujer* (s. XVII), detalle

ISBN: 978-84-376-4761-6
Depósito legal: M. 3.249-2024
Impreso en España - Printed in Spain

PAPEL DE FIBRA
CERTIFICADA

ÍNDICE

INTRODUCCIÓN

Autor

Leal, traidor, cobarde, animoso, alegre, triste, humilde, altivo, enojado, valiente, fugitivo, ofendido, receloso…

Toda esta serie de adjetivos con que Lope caracteriza, en uno de sus sonetos más populares, el estado contradictorio e intenso a que nos lleva el amor puede servirnos bien de introducción a su propia personalidad, con sus excesos y contradicciones, y destacar ya la fusión —y confusión— que se produce en este autor entre vida y literatura.

Alejado del «fingidor» que según Pessoa todo poeta lleva dentro, en él todo lo vivido se convierte en materia poética; su vida, en especial sus amores, llega en verso o en prosa a sus poemas, sus comedias, sus novelas o a las cartas que mantiene con las personas de su entorno. Al aproximarnos a ese «todo lo vivido» lo primero que surge es el asombro: ¿cómo se puede vivir con esa intensidad en lo personal y lo profesional?, ¿cómo se puede conjugar el escribir un número desmesurado de obras y tener una vida sentimental que desbordaría la imaginación de cualquier guionista de Netflix?

Es tópico recordar el calificativo que Cervantes le dio: «monstruo de naturaleza», «fénix de los ingenios». Espero que puedas ir intuyendo el sentido de estas expresiones según vayamos adentrándonos —aunque sea someramente— en su vida y obra.

Lope, vitalidad a tope

Lope nace en Madrid en 1562 en una familia humilde. Aunque esta circunstancia en la época dificultaba el acceso a los estudios, sabemos que asistió al colegio de los jesuitas de Madrid, que recibió clases de Vicente Espinel, y que llega a iniciar estudios universitarios en Alcalá de Henares: «Crióme don Jerónimo Manrique, estudié en Alcalá, bachilleréme /, y aun estuve de ser clérigo a pique». Quizá ese origen humilde determinara su necesidad de buscar mecenas y su obsesión por ascender socialmente. Lo vamos a ver al servicio de destacados personajes de la corte. Casi niño marcha a Sevilla con el inquisidor Miguel de Carpio, cuyo apellido adopta; tras la protección del obispo de Ávila, don Jerónimo Manrique, se suceden la secretaría al servicio de varios nobles, como el duque de Alba, el marqués de las Navas o el duque de Sessa, entre otros. La relación con este es muy especial: el duque, fascinado por su personalidad y su obra, guardó todo lo que escribía; incluso lo apremiaba para conocer con detalle las relaciones que mantenía con las mujeres a las que amó.

Y fueron muchas. Antes de su primer gran amor, Elena Osorio, vivió un idilio casi adolescente con María de Aragón, con quien tuvo una hija. A Elena la conoce al volver de una expedición militar a las Azores, cuando el joven y pletórico Lope empieza a ser conocido como poeta y comediógrafo. La profesión los une, Elena es actriz, hija del director teatral Jerónimo de Velázquez y esposa del actor Cristóbal Calderón, quien pasaba largas temporadas en América. Según Lope, lo suyo fue un flechazo: «No sé qué estrella tan propicia a los amantes reinaba entonces, que apenas nos vimos y hablamos cuando quedamos rendidos el uno al otro». Vivieron una pasión intensa, conocida por todo Madrid, un amor que recordaría siempre y cuyo final no supo aceptar el joven Lope que, llevado por el despecho y los celos, respondió de forma indigna e hizo correr por Madrid unos libelos difamatorios contra ella y su familia: «Una dama se vende a quien la quiera. / En almoneda está. ¿Quieren comprarla? / Su padre es quien la vende, que aunque calla, / su madre la sirvió de pregonera» [...]. El ser «pródigo de lengua» le costó caro: la familia Velázquez lo llevó a juicio y, tras pasar por la cárcel, fue condenado al destierro durante dos años del reino de Castilla y cuatro de la villa de Madrid.

Antes de marcharse al exilio, Lope rapta a doña Isabel de Urbina, con quien se casa por poderes en 1588, y con la que se traslada a Valencia, tras participar en la expedición de la Armada Invencible, en la que se había alistado arrastrado por su espíritu aventurero. Los años de Valencia son decisivos para el afianzamiento de sus ideas sobre el teatro; allí vive hasta que el matrimonio se traslada a Alba de Tormes, donde cuatro años más tarde muere Isabel. En 1595 le llega el indulto y vuelve a Madrid.

Tres años después —y en el ínterin un proceso por amancebamiento con otra mujer, Antonia Trillo— contrae nuevo matrimonio con Juana de Guardo —seguramente por conveniencia—, con la que tiene tres hijos. A pesar de su intento de vida «convencional», el poeta se enamoró de la actriz Micaela Luján (Camila Lucinda), casada y hermosa, por la que, tras la pasión de los primeros años, sintió un afecto tranquilo y conyugal, muy alejado del amor tempestuoso inspirado por Elena. Durante unos ocho años, el poeta reparte tiempo y afecto entre las familias formadas con ambas. De los hijos tenidos con Micaela, solo Marcela y Lope llegarían a la edad adulta.

Tras algún nuevo «galanteo» —su fugaz relación con la actriz Jerónima de Burgos—, en 1610 vuelve a Madrid, famoso entre los famosos, por su vida y por sus obras. Es el tiempo de las polémicas literarias con sus coetáneos (amigo de Quevedo, desafecto de Cervantes, enemigo de Góngora) y de su dominio absoluto de la escena.

Pero la muerte de su hijo preferido, Carlos Félix —y después de su mujer—, lo llena de tristeza y sufre una crisis espiritual que lo lleva a ordenarse sacerdote a sus 52 años. Quizá el motivo no sea solo ese sino también el conseguir alguna renta fija, pues, a pesar de todo lo que escribía, su situación económica en pocos momentos fue holgada. Cabría pensar que refugiarse en la religiosidad lo alejaría de lo mundanal, pero no. Aún vuelve a enamorarse: es 1616 y su último gran amor se llama Marta de Nevares (Amarilis, Marcia Leonarda). La conoció en un encuentro literario, estaba casada y era treinta años más joven. Según Alborg, fue la pasión más arrebatadora experimentada por Lope. «Yo estoy perdido, si en mi vida lo estuve, por alma y cuerpo de mujer; ¡y Dios sabe con qué sentimiento mío, porque no sé cómo ha de ser ni durar esto, ni vivir sin gozarlo!», confesaba al duque de Sessa. La pareja convivió durante dieciséis años, afrontando el escándalo inicial, los pleitos con el marido y la desventura que se inicia en 1622 cuando Marta empieza a enloquecer y queda ciega poco después. En poco tiempo, a esta desgracia se fueron sumando otras: de los hijos de ambos, solo había sobrevivido Clara Antonia, que se fugó con un joven apellidado Tenorio. Algo antes, su hija Marcela había ingresado en un convento y su hijo Lope Félix, muerto en un naufragio. La soledad y los infortunios precipitan su muerte en 1635. Su entierro fue multitudinario pues todo Madrid quiso despedirse del que consideraba «poeta del cielo y de la tierra», como rezaba el sacrílego «credo» con el que se le rendía admiración: «Creo en Lope de Vega, poeta del cielo y de la tierra…».

Considero oportunas aquí dos observaciones: normalmente, la crítica literaria desaconseja, al estudiar una obra, relacionar esta con la vida del autor, pero en el caso de Lope es ineludible hacerlo. Por otro lado, la sucinta relación biográfica que acabas de leer, centrada en lo sentimental, no pretende el amarillismo y mucho menos dar pie a juzgarlo frívolamente. Su figura es inapresable porque junto a esa faceta más exhibicionista y social, está el hombre familiar, atormentado por sus propias contradicciones, dado a la meditación, la introspección y los paseos en soledad: «A mis soledades voy, de mis soledades vengo, / porque para andar conmigo, / me bastan mis pensamientos». Un ser humano al que aceptar con su genial desmesura y sus errores.

Escribir tanto como vivir

Podemos decir que Lope escribió mucho porque vivió mucho. Escribir era para él una necesidad casi vital: «¿que no escriba decís, o que no viva? / Haced vos con mi amor que yo no sienta, / que yo haré con mi pluma que no escriba», leemos al final de un soneto. Tan abrumadora por excesiva es su vida amorosa como su producción literaria. La magnitud de esta tiene que ver con su fecundidad y poder de improvisación, pero también con su tremenda capacidad de trabajo y su dedicación absoluta a su creación.

Cultivó la mayor parte de los géneros de su tiempo; y lo hizo sobre todo en verso, para el que tenía tal capacidad innata que se llegó a decir de él que pensaba versificando. Dado lo ingente de su obra, destacaremos solo algunos títulos significativos por género.

Su producción lírica se intercala a veces en obras de otros géneros y abarca tanto la poesía popular como la culta. En la primera predominan letras para cantar, seguidillas, villancicos y, sobre todo, romances; esta fue su estrofa preferida, especialmente para versificar sus vivencias amorosas y vitales (como en el conocido romance morisco *Mira, Zaide, que te digo*). En metro culto, es el soneto la composición dominante; escribió unos 3000, la mayoría publicados en sus diversas *Rimas,* con creaciones tan admirables como: «¿Qué tengo yo que mi amistad procuras?», «Resuelta en polvo ya, mas siempre hermosa», «Suelta mi manso, mayoral extraño» o el conocidísimo «Desmayarse, atreverse, estar furioso», del que hemos entresacado algunos adjetivos para iniciar esta introducción.

En prosa se inicia con *La Arcadia,* una novela pastoril, a la que siguen *El Peregrino en su patria,* novela morisca, y *Novelas a Marcia Leonarda,* relatos al estilo de las *Novelas ejemplares* de Cervantes. La que muchos consideran su obra maestra es *La Dorotea,* novela dialogada que escribe mientras cuida con esmero a Marta de Nevares y en la que sublima su pasión por sus dos grandes amores: la propia Marta y Elena Osorio.

Pero es en el teatro donde Lope alcanza su cima literaria. El mismo autor declaró haber escrito 1 500 piezas dramáticas; de ellas se conservan solo 42 autos sacramentales y 426 comedias, de las que 314 son de atribución segura. En ellas se aborda todo: el auto y la comedia, lo religioso y lo profano, las leyendas, los hechos históricos, los sucesos coetáneos...; y en todos los subgéneros: autos sacramentales, comedias y dramas. Entre estos últimos, un grupo muy importante tiene por tema el honor y el protagonista es el pueblo, que se alza con heroísmo contra el que hace un uso injusto de su poder. Tres son los títulos incuestionables: *El mejor alcalde, el rey; Fuenteovejuna* y *Peribáñez y el comendador de Ocaña.* Podríamos citar otros muchos: *El castigo sin venganza, El verdadero amante* —su primera obra conocida—, *Las mocedades de Bernardo...,* pero es obligado citar uno, *El caballero de Olmedo,* no solo por su calidad sino como ejemplo de su imaginación creadora: Lope parte de un cantarcillo popular para crear una maravillosa trama de misterio, amor y muerte: «Que de noche le mataron / al caballero, / la gala de Medina, / la flor de Olmedo».

Respecto a las comedias, predominan las de tema amoroso basadas en la intriga, es decir, las llamadas «de capa y espada»: *La dama boba, Los locos de Valencia, La discreta enamorada, El acero de Madrid, Las bizarrías de Belisa,* y la que nos ocupa, *La viuda valenciana,* son perfectos ejemplos; con parecidos rasgos, pero ambientadas en la corte y protagonizadas por aristócratas, están las llamadas comedias palatinas, como *El perro del hortelano* o *El villano en su rincón.*

El teatro en la época de Lope: la creación del teatro nacional

Si en el Renacimiento el teatro había sido un género de menor importancia, en el Barroco se convirtió en todo un fenómeno de masas. No es extraño que sea en este periodo donde el género teatral alcanza su máximo desarrollo ya que la cosmovisión que lo caracteriza implica el tópico del *theatrum mundi,* es decir, la consideración del mundo como una representación donde el ser humano vive en un sueño o transita por un laberinto repleto de apariencias y engaños.

Lope empieza a escribir en esos años de tránsito de la estética renacentista a la barroca, años en que surgen los «corrales de comedia» (conviene aclarar que por «comedia» se entendía cualquier representación teatral). Estos fueron impulsados sobre todo por las cofradías, instituciones religiosas que, con la finalidad de recaudar fondos para mantener hospitales, empezaron a alquilar patios interiores y a patrocinar las representaciones. Así fueron consolidándose espacios estables para el espectáculo: corral del Príncipe, corral de la Pacheca, corral de la Cruz... Las representaciones se hacían de día y podían durar varias horas; los hombres solían ocupar el patio central, los mosqueteros quedaban al fondo y aquí también, en un lugar elevado, se situaba la cazuela, reservada a las mujeres. Cada uno en su sitio, pero juntos, porque a los corrales acudían todas las clases sociales, igualadas por su avidez de espectáculo.

La estancia de Lope en Valencia le había servido para ir perfilando su ideal teatral; allí percibe la eficacia de la polimetría y la división en tres actos —innovación que reconoce al valenciano Cristóbal de Virués— y la importancia de la figura cómica, que él convertirá en personaje esencial en sus obras: el «gracioso». Comedia tras comedia va comprobando qué recursos —técnicas, tramas, tipos de personajes...— gustan más al público; incluso intuye la función educativa que va adquiriendo el género. Así que, cuando presenta a la Academia su *Arte nuevo de hacer comedias,* lo hace desde la autoridad y el prestigio de llevar treinta años de experiencia y aplausos. En esta obra, considerada el primer manifiesto del teatro moderno, defiende con seguridad los rasgos de su dramaturgia, que son los que acaban imponiéndose y caracterizando todo el teatro de su época.

La obra

La viuda valenciana, *ejemplo de comedia pura barroca*

La viuda valenciana se nos presenta como ejemplo perfecto de comedia del Barroco.

En primer lugar, en cuanto al género, en el sentido de ser una comedia pura, es decir, de las llamadas «de capa y espada» o «de enredo»; en ellas —en palabras de Teresa Ferrer—, «el enredo, la intriga, fundada en la ocultación o confusión de identidades, se convierte en elemento capital de una acción que gira alrededor de los problemas de jóvenes ansiosos de cumplir sus deseos amorosos». Este tipo de comedia se caracteriza también por la cercanía al espectador: los personajes son coetáneos, visten con la indumentaria propia de la época (capa y espada para los caballeros), llevan nombres usuales según el rango social y viven en ciudades españolas.

Pero a la vez que pueden reflejar aspectos de época, los papeles se invierten y en la escena se concreta el tópico del «mundo al revés»: la mujer, en la realidad de su tiempo, reducida a sujeto pasivo sometido a las decisiones del hombre, es quien toma la iniciativa y controla la situación. Suele ser valiente, inteligente, pero dado el código social en que vive, tiene que actuar valiéndose de artimañas y engaños; su conducta puede suponer una transgresión del orden, pero al final retorna a los cauces de lo convencional.

En segundo lugar, esta comedia da buena muestra de uno de los rasgos más definitorios de la cosmovisión barroca: la obsesión por la apariencia, el tópico del «ser/parecer ser». Leonarda, la protagonista, simula ser una viuda recatada en público; en privado reconoce su deseo. Consciente de que no puede entregarse abiertamente a Camilo, idea hacerlo en secreto. Y lo hace a través de un juego teatral donde oscuridad, máscaras y capirotes serán el atrezo que le permita satisfacer su deseo y preservar su fama. Como ella, el resto de los personajes también participa en la fiesta del aparentar: los pretendientes se disfrazan de vendedores; Urbán finge ser recaudador de cofradía y criado de la prima; Camilo debe amar con capirote y enmascarado; la nocturnidad vela los encuentros amorosos; el carnaval, con su enmascaramiento y transgresión, domina la ciudad...

Publicación, génesis, fuentes

Esta obra fue publicada en 1620, en la parte XIV de sus Comedias. Su título ya figura en la lista de obras que el mismo autor recoge en la primera edición de *El peregrino en su patria*. Pero su fecha de composición es unos veinte años antes, hacia 1599.

Se podría pensar que las dos décadas que median entre composición y publicación responden a algo fortuito, pero tienen que ver con circunstancias personales muy concretas, que quedan bastante explícitas en la dedicatoria que le añade: «Dedicada a la señora Marcia Leonarda». Todo Madrid sabía que ese era el nombre literario con que Lope se refería a su amante, Marta de Nevares, que acababa de enviudar para regocijo del poeta. En ella le aconseja que tome ejemplo de la protagonista de la obra, que ha sabido encontrar «remedio para su soledad sin empeñar su honor» y que ha conseguido hacer su voluntad —disfrutar de un hombre— sin ensuciar su fama. Abiertamente, Lope sugiere a Marta que haga como Leonarda, que ha sabido sortear los convencionalismos sociales y morales guardando las apariencias; se trata de «nadar y guardar la ropa».

Al margen de esta vinculación de la obra a la biografía de Lope, la crítica tiene bien estudiadas sus fuentes y nos señala que está directamente inspirada, por el tipo de enredo, en una novela del italiano Mateo Bandello y, por el motivo de «amar a ciegas», recuerda la leyenda de Psique y Cupido (a la que, por cierto, remite el mismo Camilo en el verso 1830).

Inspiración, en este caso vivencial, es la que lo lleva a situar la obra en Valencia, ciudad a la que conocía bien por los casi dos años que vivió en ella durante su destierro y a la que volvió, por fechas cercanas a la composición de la obra, con motivo de las bodas reales. La ciudad del Turia era por entonces —y ahora— una urbe alegre y festiva, y más en tiempos de carnaval; además destacaba por su mundillo cultural y la efervescencia de su teatro, que contaba ya con locales fijos —en la actual calle Comedias— donde dramaturgos como Gaspar Aguilar, Guillén de Castro y otros autores de la Academia de los Nocturnos, empezaban a renovar la escena de su tiempo.

Amor y honor, temas esenciales

Los temas que vertebran la obra son los más característicos de la dramaturgia lopesca: el amor y el honor. Su presencia responde tanto a la propia personalidad del autor como al conocimiento que tiene de que son los predilectos del público.

Respecto al amor, su concepción presenta una serie de tópicos y rasgos comunes, algunos heredados del petrarquismo, que se repiten con funciones similares en las obras. Suele empezar con un «flechazo» (como le ocurre a Leonarda, que, a pesar de su propósito de alejarse de los hombres, se ha quedado prendada de uno tan solo con verlo) y se presenta como un sentimiento arrebatador, que anula las voluntades y el juicio: «Estoy sin entendimiento del mal de la voluntad». A su poder se rinde el individuo y a quien cautiva no le cabe más que aceptarlo, porque lo domina por completo «¡amor esto podéis vos!», exclama la joven. Por él se puede hacer todo porque todo lo justifica. Por otro lado, conforme a los tópicos de la época, es un fuego interior que hace gozar y sufrir a un tiempo, una «llama cruel» que se opone al «hielo» con que se metaforiza el desdén o la negación: «Efetos son de un niño poderoso / haber mi hielo con su amor vencido».

Además, hablar de amor es, también, hablar de erotismo y sensualidad. En general se trata de, como apunta J. Oleza, un erotismo más implícito que verbalizado y que se apoya en la imaginación o la adivinación. Pensemos en las evocaciones que de sus citas hacen los personajes; o en la escena del encuentro de los amantes, los abrazos y caricias que intuimos se dan en la oscuridad; o la apelación a todos los sentidos —no solo la vista— para el surgimiento del deseo y el disfrute del placer: «Como el hombre que está a oscuras, / y para encenderla toca, / fue en mi alma vuestra boca, / que ha dado centellas puras. / Yesca ha sido el corazón, / que era materia dispuesta, / y el golpe fue la respuesta, / y la lengua el eslabón».

Igualmente, el amor se vincula al matrimonio. Y en este punto radica lo más novedoso y atractivo de esta obra porque, frente a la mayoría de las comedias, donde este sentimiento lleva a las jóvenes a rebelarse o quebrantar códigos sociales teniendo como meta siempre el casamiento, Leonarda no lo quiere, incluso declarándose enamorada; lo que quiere es gozar de Camilo y preservar la libertad —aunque limitada— de la que como mujer viuda y rica disfruta; aunque su aventura acabe con la convención de la boda, ella no persigue ese final. Para Lucencio el matrimonio de su sobrina equivale a asegurar su honra; para Julia es el medio de gozar y aprovechar la juventud; para Leonarda —que no olvidemos que como viuda parece hablar por experiencia— significa sobre todo perder su libertad. Además llega a hacer una descripción del matrimonio bastante negativa: «Vendrá tarde; yo estaré / celosa; dará mi hacienda; / comenzará la contienda / [...] / No habrá noche, no habrá día, / que la casa no alborote [...]». Su boda, aunque determinada por ella y con el galán al que quiere, supone una claudicación. Y es consciente de ello. La escena final, en la que se molesta por la pronta presencia de los tres pretendientes como testigos, pone una pincelada de protesta en el final «feliz»: «¿Por qué un pueblo no llamabas, / o media ciudad traías?».

El honor y la honra eran valores que condicionaban totalmente la sociedad de la época; perderlos era el mayor mal que le podía ocurrir a alguien. Los utilizamos a menudo como sinónimos, pero tienen sus matices: El honor se entendía como característica propia de las personas virtuosas, se heredaba y se vinculaba a la nobleza y riqueza; implicaba respeto por parte de los inferiores y exigía un comportamiento moral adecuado. La honra atendía al propio respeto y estimación que el individuo tenía de sí mismo y a la consideración social que suscitaba su virtud; la *opinión,* la buena reputación, que era fundamental y debía estar siempre fuera de toda sospecha.

Si la mujer perdía su honor, la ofensa caía no solo sobre ella sino sobre toda la familia; de ahí los temores de Lucencio y su insistencia en casar a su sobrina: «y ya solo he de pedir / que no demos qué decir / de tu edad y de la mía». La honra siempre corría el riesgo de mancharse por la malicia o la murmuración: «¡Qué dulce es el murmurar!», exclama uno de los pretendientes imaginando su venganza. Porque, aunque hoy nos resulte curioso, en el Barroco la honra no se perdía por salirse de la conducta virtuosa, sino cuando se conocía públicamente esa conducta. Si los hechos poco honrosos se hacían en secreto, honor y honra no se veían afectados. Leonarda sabe que, por su condición de mujer y viuda, el riesgo de perderlos es mayor, pero, también, que si consigue mantener su relación en secreto, conservará la buena *opinión* que de ella se tiene en la ciudad; por eso ingenia su artificio en la ocultación y el disfraz.

Argumento y desarrollo de la obra

> En el acto primero ponga el caso,
> en el segundo enlace los sucesos,
> de suerte que hasta el medio del tercero
> apenas juzgue nadie en lo que para.
>
> Arte nuevo de hacer comedias

Lope reduce los cinco actos clásicos a tres y aconseja una estructura coincidente con lo que hoy llamamos planteamiento, nudo y desenlace. El eje de la trama, los temas y los rasgos de sus personajes, «el caso», aparecen ya en las primeras escenas.

Acto primero

Leonarda, una joven y hermosa viuda, departe con su criada Julia sobre su intención de no volver a casarse, a pesar de que pretendientes no le faltan. Es consciente de las dificultades que conlleva su estado, siempre en entredicho, pero lo prefiere porque le permite cierta independencia. Resuelta a mantenerse así, llevará una vida ejemplar apoyada en sus lecturas piadosas y la soledad. Julia, su criada, se distancia con ironía de las ideas de su ama y muestra una visión de la vida más gozosa. Así, por ejemplo, cuando Leonarda la manda a por un libro religioso, la criada le da intencionadamente un espejo, para que vea la belleza y juventud que va a desperdiciar si renuncia a la posibilidad de gozar del amor y que la gocen.

Precisamente con el espejo —un motivo muy barroco— la encuentra su tío Lucencio al entrar en escena, lo que provoca las disculpas de Leonarda ya que puede interpretarlo como gesto de envanecimiento. Este le recrimina que sea tan «melindrosa», le recuerda los peligros a los que se expone —y se expone la honra familiar de la que es responsable— por su obcecación en no casarse: «¡Que has de ser tan intratable, con tan buen entendimiento!». Harto de su terquedad, se marcha desistiendo de la finalidad con que la visitaba: «Desde aquí doy a los vientos / todos cuantos casamientos / me han hablado y busco yo; / que tres a escoger traía [...]».

Trasladada la acción al exterior de la casa, pronto conocemos a esos pretendientes: Lisandro, Valerio y Otón, que con actitudes ridículas, se quejan en sucesivos monólogos de lo mismo: su amor por la viuda y los desaires que reciben como respuesta.

Horas más tarde, en un exterior distinto —anticipemos aquí que tiempo y espacio se tratan con bastante libertad— algo ocurrido fuera del escenario lo ha cambiado todo; Leonarda ha visto a un joven del que se ha quedado prendada y se reconoce sin voluntad para oponerse a la fuerza del amor: «estoy sin entendimiento del mal de la voluntad». A pesar de reconocerse enamorada, sigue rechazando la idea del matrimonio, pero no quiere renunciar al amor y al deseo, por lo que se dispone a buscar la forma de satisfacerlos: «Pues remedio ha de tener... Sin perder fama, para aplacar esa llama cruel».

La escena siguiente nos presenta al joven que ha desatado esa «llama cruel»: Camilo. Sus primeras palabras —de la que son testigos Leonarda y sus criados Urbán y Julia— son para renegar del amor de una dama, Celia, quizá por celos: «No quiero amor ni cuidados». La anécdota permite una primera caracterización de Camilo como galán experimentado y se completará enseguida con nuevos rasgos. Leonarda encarga a Urbán averiguar casa y nombre del joven. El criado propicia un encuentro con él e ingenia una treta para sus fines: finge estar recogiendo inscripciones para el jubileo y lo inscribe como cofrade. El equívoco de pagar de más —un doblón en vez de dos reales— lo interpreta Urbán como gesto de generosidad, y de esta cualidad y otras que le presupone a Camilo da pronto cuenta a su ama. Lo averiguado sobre el galán y su descripción agradan a Leonarda, que ya tiene pensado cómo lograr amar sin perder fama: hacerlo en secreto. Aprovechando que es tiempo de carnaval, Urbán se disfrazará, buscará a Camilo y le dirá que «una dama se le inclina, que le ama tiernamente, y que la podrá gozar», con la condición de que debe hacerlo a ciegas, oculto con un capirote.

Tras un monólogo en que Leonarda analiza los efectos del amor y la fuerza de su pasión, dos de los pretendientes se presentan en su propia casa. El disfraz con que lo hacen —Otón, de librero; Valerio, de vendedor de estampas— y lo absurdo de sus tretas acentúan su carácter ridículo y la viuda, harta de su galanteo disfrazado, manda a los criados que los echen.

Paralelamente, empieza a ejecutarse el plan: Urbán se ha citado con Camilo para concretar el encuentro. Este se lamenta de la condición impuesta pero el criado lo anima insistiendo en que va a gozar la *cosa más bella de la ciudad,* y que no solo la vista permite el disfrute y el conocimiento. Fijan hora y lugar para el encuentro y aun con dudas, Camilo acepta la propuesta: «Yo he de saber lo que es esto, / aunque me cueste la vida».

Acto segundo

A pesar de la determinación anterior, los temores de Camilo continúan; piensa, incluso, que pueda ser una encerrona y correr peligro su vida. De camino a casa de Leonarda, mientras Urbán intenta tranquilizarlo, se encuentran con Otón, del que se despiden rápido con la excusa de buscar al sereno. Este pretendiente sigue vertiendo su resentimiento por la ingratitud de la viuda: cuestiona su «santidad», sospecha que todo es apariencia y que tiene algún galán nocturno, por lo que se dispone a vigilar su puerta todas las noches.

En el interior de la casa, en los aposentos de Leonarda, esta espera impaciente con Julia: su nerviosismo le hace desconfiar de si Camilo será lo suficientemente valiente para aceptar su propuesta y superar todos los obstáculos. Sus dudas se disipan cuando ve entrar a Camilo. Leonarda y él se sientan juntos, se dan la mano, conversan. El encuentro se produce a oscuras; solo en un determinado momento, entran los criados un velón grande que permite a Camilo ver que todos están con máscaras, al tiempo que apreciar la belleza del cuerpo de Leonarda y el lujo de la estancia. Ante la inquietud del joven por la oscuridad y su empeño en poder verla, Leonarda intenta tranquilizarlo y manda a sus criados a por un refrigerio, pero es en vano: «¿Qué fianzas me habéis dado / para comer satisfecho / que no es veneno?». Resuelta a disipar sus temores, la viuda le confiesa abiertamente que se enamoró de él y que ha buscado la forma de satisfacer ese amor sin comprometerse: «Camilo, no os aflijáis / de verme esconder así; / [...] / Yo os vi, y el alma os rendí / [...] / Este mi remedio busqué...».

Al fin, Camilo acepta las reglas del juego, y ebrio de emoción —que no de vino, que lo toma discretamente— empieza a manifestar su pasión con los tópicos propios; incluso busca referentes mitológicos para poner nombres fingidos a todos ellos: a Laurencia llama Diana; a Julia, Iris; a Urbán, Mercurio... El encuentro acaba con la despedida de los jóvenes: «Noches quedan, mi Camilo; esto por ahora baste». y con la divertida salida de escena de Camilo y Urbán, ambos como ciegos: el primero de amor, el segundo de vino.

En este punto, la acción se traslada al exterior, a la puerta de la casa de Leonarda, donde los pretendientes acuden de uno en uno, ocultándose de los demás, para seguir vertiendo sus quejas. El primero es Valerio, que imagina que Leonarda debe tener algún amante y se queja de las múltiples puertas que dificultan su vigilancia. A continuación, Otón se lamenta de sus desdenes y desea que, como castigo por su frialdad, se convierta en mármol. Idénticos motivos han conducido hasta allí a Lisandro, convencido también de la existencia de un amante: «Vïuda, ya no hay quien crea / que estáis sin dueño secreto / [...] / Mujer bella, rica y moza —que basta libre y mujer—, / yo no tengo de creer / que no se regala y goza». La llegada de un alguacil y un escribano hace que todos tengan que descubrirse e identificarse. Al hacerlo, ellos mismos se sienten necios y ridículos: «si todo se ha sabido, por necios todos quedemos [...]». Dolidos en su honor, deciden vengarse atacando el de Leonarda. Y, como sospechan que tiene un amante, pronto concluyen que debe de ser Urbán: «Mujer sola, libre y rica / y que a tantos ha negado, / a fe que hay algún criado / que al lado de noche aplica». Salen de escena imaginando las circunstancias de su revancha: uno le cortará la cara, otro promete una gran cuchillada...

La trama argumental se complica con la aparición de un pretendiente nuevo: un noble extranjero, modelo de belleza y cualidades, que ha enviado a su secretario, Rosano, para tratar con Lucencio del asunto.

Tras algunas noches en que se repite el cortejo, Camilo confiesa a su criado Floro que está enamorado y que, al fin, aunque a ciegas, «la gozó»; sus intentos por verla han sido inútiles, pero se conforma con «imitar a amor, y ser sin ojos enamorado».

Días más tarde, en un encuentro casual, Camilo le describe a Leonarda las maravillas de la misteriosa joven con la que se ve por las noches. No puede sospechar que se trata de la misma viudilla con la que está hablando y a la que su criado Floro le insta a cortejar.

El acto finaliza con el intento de los tres pretendientes de vengarse de Urbán, malogrado por la actuación caballerosa de Camilo. Este y Floro acompañan hasta las puertas de la ciudad a Urbán, que, ajeno a todo, solo encuentra justificación del ataque sufrido pensando que lo deben de haber confundido con otra persona.

Acto tercero

Comienza con una disputa entre Celia y Camilo. El joven ha puesto fin a las relaciones que mantenían, pero esta no lo acepta y, celosa, le recrimina que ya no la corteje. Camilo, fastidiado por la insistencia, le aconseja no airear sus asuntos en público: «hay mucho que averiguar, / y en la calle no estás bien; / fuera de que a mí me ven [...]».

La disputa, presenciada a escondidas por Julia y Leonarda, desata los celos de esta. Julia le advierte de que puede perder a Camilo si este se harta de amar a ciegas. De hecho, en el encuentro que tienen a continuación los protagonistas, Camilo sigue alabando las cualidades de su misteriosa dama, pero deja traslucir su cansancio por la condición impuesta y hasta llega a requebrar a Leonarda. Celosa de sí misma, la joven siente como traición la actitud de Camilo y decide concluir la relación: solo lo verá una noche más. Ya en casa, mientras Leonarda y sus criados hacen los preparativos para la noche, Urbán la informa de la presencia de su tío con un forastero, Rosano.

En la calle, los pretendientes se lamentan de no haber podido aprovechar la ocasión para ajustar cuentas con Urbán; resentidos en su honor, acuerdan vengarse atacando el de Leonarda, así que componen una glosa, a la que titulan «La viuda y el escudero», repleta de malévolas alusiones sobre la dama y su criado. En un determinado momento ven que alguien sale de la casa y, creyendo que es Urbán, hieren a Rosano.

Al día siguiente Urbán relata a Leonarda lo ocurrido con el alguacil. Temiendo esta que Camilo pueda relacionarlos, improvisa una nueva treta: Urbán deberá fingir desde ese momento que es criado de otra persona, de una vieja prima; no le importa perjudicar la fama de esta porque «a mucho el honor te obliga». Así que, en la siguiente escena, mientras los bravucones pretendientes se regocijan de la cuchillada que creen haber propinado a Urbán, aparece este dejándolos perplejos; fuerzan un saludo que el criado aprovecha para comentarles que ya no sirve a Leonarda sino a su prima.

Poco después, Camilo cuenta también, en este caso a Floro, el incidente vivido la noche anterior: cómo al quitarse las máscaras contempló perfectamente el rostro del criado; ese a quien acaba de ver con una mujer vieja y sin ninguna gracia, que presupone su ama. Como se siente engañado, le escribe a esta una nota difamatoria en la que descarga toda su rabia.

Entretanto, Leonarda ya ha tomado la determinación de casarse con el forastero y abandonar Valencia sin ver a Camilo. Cuando Urbán le entrega la nota escrita por el joven, en la que vierte todo su enfado contra la que llama una vieja-bruja, decide sacarlo de su engaño.

En casa de Camilo, la acción se desvía de la trama principal: Floro le confiesa a su amo que mientras «consolaba» a Celia, se ha enamorado de ella y solicita su permiso para casarse. Camilo, comprensivo, incluso les da dinero para la boda. Algo más tarde, Floro le entrega la nota de Leonarda: en ella le cita esa noche para hacerle algunas aclaraciones: «Venid, Camilo / [...] / No soy quien vos pensáis; y así, deseo / aunque cual siempre guardaré mi fama, / desengañaros [...]». A pesar de que teme que sea una nueva patraña, decide acudir pero lo hará con una luz que llevará escondida.

En casa de Leonarda, en tanto se prepara la cita, ha llegado el tío que, inoportuno siempre, le comenta su sorpresa por lo ocurrido con el forastero, incidente que le aconseja mantener en secreto por ser «conveniente a tu honor». Mientras queda en otra habitación escribiendo a Rosano, llega Camilo. Leonarda debe procurar mantenerlos lejos: «¡Cuando a Camilo he de ver, / tengo aquesta sombra en casa! / Pues yo lo sabré esconder».

Camilo entra encapirotado y, al intentar descubrirse, Leonarda manda quitar luces. En la oscuridad, la joven le aclara que lo vivido fue real, le recrimina que no debería «ser tan ciego que así sus manos le engañen». Mas Camilo insiste en que sin luz no podrá creerla pues «quien hizo aquel engaño, / otros muchos sabrá hacer», así que descubre la luz que ha llevado escondida.

A continuación, la acción se precipita: Leonarda se lamenta de haber sido descubierta mientras Camilo, asombrado, se siente feliz. Alertado por las voces, acude Lucencio; al descubrirlos juntos siente que el honor familiar queda en entredicho; pero antes de que pueda hacer o decir nada, Leonarda se anticipa con una decisión-resolución: se casará con Camilo, porque «quiéreme bien, y también / yo a él por el mismo estilo». Los pretendientes, que seguían a la puerta vigilantes, aceptan ser los testigos. Urbán solicita el permiso de su ama para casarse con Julia y a Lucencio solo le queda fijar para el día siguiente la ceremonia.

Personajes

LEONARDA: ya hemos señalado la singularidad de este personaje en relación con otras protagonistas, igualmente audaces, inteligentes y valientes de la comedia lopesca: no persigue el matrimonio sino satisfacer sus deseos y mantener su independencia. Desde el principio se muestra como una joven decidida, rebelde, segura de sí misma: reniega del amor, de los hombres y del matrimonio. Está dispuesta a afrontar el cuestionamiento social continuo al que su situación de viuda la expone y mantenerse libre. Ahora bien, su súbito enamoramiento la obliga a replantear sus ideas. Y con la misma intensidad con que se negaba al amor, «antes muerta que encendida», se muestra luego abrasada por él: «¿Vesme ardiendo y como fiera te burlas de mi cuidado?», le recrimina a Julia. Ingeniosa y resolutiva, prepara toda la treta que le permitirá mantener su independencia y honra a la vez que dar cumplimiento a sus deseos amorosos. Y para ello no dudará incluso en exponer la fama de otros —su prima— con tal de mantener la suya. Es un personaje que lleva la iniciativa de todo lo que acontece. Incluso el final, precipitado al descubrirse el enredo y que reconduce lo ocurrido hacia lo convencional —está determinado también por su voluntad: dentro de los límites de lo posible, es ella quien elige su futuro.

CAMILO: apuesto y de buena posición, generoso y comprensivo con Celia y su criado, caballeroso y valiente al defender a Urbán, su aparente experiencia en relaciones amorosas le sirve de poco cuando recibe la insólita proposición de Leonarda. Está receloso, sospecha que todo puede ser un engaño, un encantamiento; duda si es posible gozar sin ver: «si a oscuras la he de gozar, ¿no es todo una misma cosa?»; no concibe que el olor y el tacto sean sentidos suficientes para llegar al placer. Pero, al final, vence sus temores y acepta decidido. Se enamora sin ver, concluye la belleza de su dama gracias a la imaginación y sus manos: «que con las manos la tiento/ y la frente es extremada / la nariz perfeccionada / [...] / los ojos son relevados / cuello y pechos extremados [...]». Cuando crea descubrir que la realidad de la dama es otra: «una niña [...] diosa en años, diablo en gesto [...] La frente vellosa y chica [...] y barbuda por lo menos», siente su honor ofendido y busca venganza. En toda la obra, como la mayoría de los galanes en las comedias de enredo, siempre está al arbitrio de la dama. El final feliz, determinado por ésta, lo hace a él felicísimo: «Ya mi mal en bien se muda».

Lucencio: como responsable de la honra familiar, está obsesionado por esta, y no le interesan los sentimientos de su sobrina o el comportamiento que pueda mantener sino lo que se diga de ella en la ciudad. «¿Cuánto es mejor que te cases / y estas malicias escuses?». Cree que solo el casamiento la librará de las habladurías que suscita que una joven, hermosa y rica, pretenda vivir refugiada en su soledad sin varón: «¿Piensas que estas cosas son para tu buena opinión? Son para que se destruya. [...] ¿Adónde te esconderás de la envidia y vulgo vil, aunque en un año y en mil no salgas de donde estás?». Aunque apela a su experiencia de vida y su autoridad para tratar de convencerla, su insistencia solo provoca en Laurencia el hartazgo y la rebeldía. Su figura va quedando ridiculizada ante el espectador que lo sabe ignorante de los tejemanejes de su sobrina, para quien solo parece ser una dificultad añadida al cumplimiento de sus planes: «¡Qué viejo tan importuno!». Como autoridad familiar, en la escena final es quien formalmente anuncia el rápido casamiento de Camilo y su sobrina.

Los pretendientes: son fatuos, cursis, ineptos, fanfarrones y cobardes. Tienen nombre propio, pero escasa individualización pues funcionan en conjunto, y son como tal caracterizados y caricaturizados. Todo lo que dicen y hacen es ridículo o finaliza ridículamente: desde su primera aparición como artificiosos pretendientes hasta ese final en que acaban de testigos de una boda que querían protagonizar. Un ejemplo: cuando para vengarse de la viuda, deciden atacar a Urbán, se confunden de sujeto y es el secretario del nuevo pretendiente la víctima de su vil hazaña. Solo al día siguiente, mientras fanfarronean todos y Lisandro alardea de su habilidad, «porque revés que doy yo / hasta el pescuezo no para», se darán cuenta de su error. Su despecho y cobardía, su necedad confesada, los lleva a una actuación tan rastrera como inventar un libelo con el que pretenden deshonrar a la joven: «Pues si todo se ha sabido, / por necios todos quedemos, / y el propósito mudemos / [...] / De su deshonor tratemos, / y que pierda la opinión».

JULIA es un personaje con la personalidad definida desde las primeras escenas: es irónica, pragmática, realista; gusta de disfrutar el presente y así aconseja a su ama *(carpe diem)*, con la que se relaciona con familiaridad. Es un trato basado en la lealtad y el cariño, pero con la distancia escéptica e irónica que le confieren su mayor experiencia y edad.

URBÁN: junto con Floro (en menor medida) representa la figura del gracioso, recayendo en él parte de la comicidad de la obra. El fiel criado es el aliado esencial en los planes de Leonarda: astuto, sonsaca con facilidad a Camilo; encargado de llevarlo y traerlo, aplaca sus dudas con lecciones sobre el deseo; guasón y aficionado al vino, observa jocoso el encuentro de los amantes... Al final, se une a la fiesta del casamiento con que concluye la obra, requiriendo el suyo: «¿No me dan a Julia a mí?»; de la complicidad de ambos se da buena cuenta a lo largo de las escenas.

FLORO: el criado de Camilo discrepa desde el inicio de lo que considera candidez en su amo: lo insta a romper las condiciones impuestas, le recrimina desperdiciar la ocasión de requebrar a la viuda; él, por el contrario, parece siempre dispuesto a aprovechar cualquier circunstancia que lo pueda conducir a una mujer: así, cuando Camilo pondera la belleza de su desconocida dama incluso por encima de la de la famosa viuda, su pragmatismo tosco le hace afirmar: «La viuda tomara yo»; y es lo que hace con Celia: «Como yo vi que despreciaste a Celia, y ella, señor, se vio desamparada, por su consuelo entraba a visitarla [...]». Al final, él también es alcanzado por amor.

Estilo y rasgos conforme al «Arte nuevo»

> *Acomode los versos con prudencia*
> *a los sujetos de que va tratando:*
> *las décimas son buenas para quejas;*
> *el soneto está bien en los que aguardan;*
> *las relaciones piden los romances [...]*
>
> *Arte nuevo de hacer comedias*

Esta variedad métrica, «acomodada» a los temas, que defiende en su *Arte nuevo* y caracteriza todo su teatro, se presenta en esta obra con los rasgos más habituales; esto es, con predominio del verso octosílabo, sobre todo en forma de romance y de redondilla, y alguna que otra quintilla. En arte mayor, las octavas reales y los endecasílabos sueltos acompañan a los cinco sonetos, que se distribuyen en los tres actos. Pongamos algún ejemplo del primer acto: con redondillas se inicia la obra y no es hasta la escena quinta cuando se produce el cambio estrófico al soneto. De él se sirve cada uno de los pretendientes en su primera aparición, mientras «aguardan», al exterior de la casa de Leonarda, lamentándose por su desdén; también con un soneto monologa la joven sobre el poder del amor mientras está a la espera de saber quién llama. Para el relato y la narración es ideal el romance y de este se vale cada uno de los pretendientes al contar a los otros su frustrada tentativa de acercamiento a Leonarda. Como es lógico, los cambios estróficos suelen coincidir con los de escena, pero vemos alguna excepción: en la escena octava del acto III, un endecasílabo suelto finaliza una escena en quintillas, reforzando la rapidez que la situación exige (la huida de la comparsa de galanes tras haber herido a Rosano).

> Adviértase que solo este sujeto
> tenga una acción, mirando que la fábula
> de ninguna manera sea episódica,
> quiero decir inserta de otras cosas
> que del primero intento se desvíen;

Frente a lo que se considera rasgo general del teatro barroco, la ruptura de la regla de las tres unidades, Lope, como nos advierte en los versos anteriores, suele respetar la de acción. Así podemos considerar que en *La viuda valenciana* se mantiene una única acción —muy enredada y compleja en torno a Leonarda y su mundo— ya que las protagonizadas por los criados y los pretendientes, que podríamos considerar secundarias o paralelas, apenas si tienen fuerza en la comedia. Sí se rompe tiempo y espacio. De ambos tenemos conocimiento por las acotaciones internas que lo explicitan. Pensemos que no existían acotaciones escénicas tal como las entendemos hoy. Las referencias espaciales y temporales nos las da alguno de los personajes (y el público acepta e imagina el cambio de lugar o momento). Así el espacio cambia con libertad entre interiores (la casa de Leonarda y, puntualmente, la de Camilo) y exteriores (la puerta de la casa de la viuda, la calle, el pórtico de alguna iglesia...); y del tiempo sabemos su transcurso por las breves alusiones de los personajes. Por ejemplo, conocemos que, del primer acto, que sucede en un día, al segundo ha pasado un mes por lo que le dice Lucencio a Rosano: «Ha un mes y más que ya no la visito, / sobre esto de tratarle casamientos». O el número y resultado de los encuentros de los amantes por lo que Camilo desvela a Floro: «Después de la primer noche, / [...] / en que, como halcón y ciego, / ciego fui siguiendo a otro, / otras seis o siete fui / por el mismo estilo y modo, hasta que al fin la gocé».

> Remátense las escenas con sentencia,
> con donaire, con versos elegantes,
> [...] el cómico lenguaje
> sea puro, claro, fácil, y aun añade
> que se tome del uso de la gente [...]

El estilo es variado, alterna el registro culto y el popular. El primero caracteriza a los personajes de clase noble y el segundo a los criados, aunque con flexibilidad. El registro culto alcanza en los sonetos su máxima expresión y se acerca en algunos versos al conceptismo. En algunos casos, las florituras estilísticas están al servicio de ridiculizar al personaje, como ocurre con estos versos de Valerio: «Si emprendéis lo que yo emprendo, / O os ofendo si os lo quito, / O en quitármelo me ofendo. / ¿Puédese esto componer?».

El registro popular es muy expresivo, con predominio de la réplica corta y con algún que otro vulgarismo. (JULIA. «¡Por mi agüela, que te dieron / muy aprisa los antojos! / ¡Rabia en él!».)

Una comedia espejo de su tiempo

> *Por eso Tulio las llamaba espejo*
> *de las costumbres y una viva imagen*
> *de la verdad, altísimo atributo [...]*
>
> Arte nuevo de hacer comedias

Lope concibe la comedia como un género que imita las acciones de los hombres y pinta las costumbres de su época. Efectivamente, su teatro refleja algo de la realidad de su tiempo. Eso no quiere decir que tenga objetivos realistas —pensemos que por mucha verosimilitud que se busque, las peripecias de este tipo de comedias no son creíbles—. Pero sí, su función de «espejo» nos permite ahora conocer aspectos de la mentalidad y costumbres de la época: la obsesión por la apariencia, los oficios religiosos como punto de encuentro, las rondas nocturnas de los pretendientes, la vigilancia de los alguaciles, las fiestas de carnaval... y, con mayor detalle en esta obra, lo que suponía ser mujer en la época.

Desde el Renacimiento, humanistas como Erasmo y luego otros moralistas dedicaron largos tratados a la mujer: su función en la sociedad, el lugar que le correspondía, las actitudes que debía adoptar. Son muchos los versos en que se alude a ello. Fijémonos, por ejemplo, en la réplica de Camilo, al inicio del tercer acto: «¿Tan loca estás, que no ves, / Celia, que estás en la calle? / Ir allá será mejor; / ve, Celia, a casa y espera». Porque, los ámbitos masculino y femenino estaban drásticamente delimitados: la calle era el lugar del hombre mientras que el de la mujer se reducía a la casa, donde debía esperar callada. «Como son los hombres para lo público, así las mujeres para el encerramiento; y como es de los hombres hablar y salir a la calle, así es de ellas encerrarse y callarse», aseveraba fray Luis de León. De la situación especial en que quedaban las viudas o del tipo de lecturas y educación que se consideraban femeninas, también hay múltiples referencias. Respecto a lo primero, el estado de viudez equivalía a estar en permanente sospecha; tanto si permanecían en ese estado como si contraían segundas nupcias eran objeto de crítica. Respecto a lo segundo, se consideraba que la mujer debía reducir sus lecturas al tema religioso y el acto de leer no debía ir encaminado a la formación, que estaba mal vista, sino solo al entretenimiento; de hecho, la palabra «bachillera» tenía connotaciones negativas, «leo por entretenerme, / no por bachillera hacerme, / y de aguda graduarme», se justifica Leonarda en la primera escena.

Una comedia con mucho humor

> *Siempre el hablar equívoco ha tenido*
> *gran lugar en el vulgo, porque piensa*
> *que él solo entiende lo que el otro dice.*

> *Arte nuevo de hacer comedias*

La obra es desenfadada y bastante divertida. Lope dosifica con equilibrio sus momentos de comicidad. Estos salpican ya el arranque de la trama y llegan hasta su cierre con la grotesca actitud de los pretendientes. Las primeras notas cómicas nos las da Julia, en sus primeras intervenciones; con actitud entre condescendiente y guasona acepta que su ama no la considere digna de entender sus doctas lecturas:

LEONARDA.   No son para tu rudeza, / necia, razones tan altas.
JULIA.   ¡Qué mal encubrí las faltas / que me dio naturaleza! / que, al no tener hermosura, / no añado la discreción

Y con réplicas llenas de ironía y doble sentido cuestiona la seguridad con que su ama rechaza el casamiento:

JULIA.   ¿Que en fin, no te casarás?
LEONARDA.   ¡Jesús!, Julia, no lo nombres. / Asco me ponen los hombres; / no me los nombres jamás. / Tráeme la imagen acá / que compré de aquel pintor.
JULIA.   ¿Pedirle quieres favor? / Tentaciones te dan ya.

Los pretendientes provocan gran número de situaciones ridículas: intentan acercarse a la viuda disfrazados y solo consiguen su hartazgo; sus rondas nocturnas son frustrantes y alguna concluye tan cómicamente como la de Lisandro agraciado por «las aguas» de un orinal, o manchado por el vino que se derrama al haber atacado unos cueros que él creía ladrones (como en el episodio cervantino en que don Quijote arremete contra unos cueros de vino).

Pero si, tanto Julia como el trío de galanes frustrados protagonizan momentos divertidos, es sobre todo Urbán el que, asumiendo la figura del gracioso, nos depara las escenas más cómicas. La más perfecta es la del refrigerio que ofrece Leonarda a Camilo en sus aposentos: vemos en paralelo las acciones de los señores y los comentarios distanciados y jocosos de los criados. Los apartes con que Urbán y Julia replican a las intervenciones de Camilo —confirmando, por otra parte, que entre ellos hay algo más que la complicidad que se presupone en los criados— tienen la finalidad de mofarse de la forma de cortejar propia de los galanes de la época, cuya erudición y lenguaje altisonante ellos consideran impostado: «Estos mozos confitados, / todo almíbar y jalea, / que no hay ninfa que tal sea, / de boca y dedos mirlados / me hacen perder el seso».

De especial gracia son los apartes donde comenta la mesura que Camilo muestra al beber, que considera falsa, puro fingimiento; en contraste, él declara abiertamente su afición al vino y, jocoso, brinda por todos: «(Haga melindres ahora, / se hará después un cuero). / Pues esta va por mi ama, / y esta, Camilo, por vos; / esta, Julia, por los dos; / que bien bebe quien bien ama».

Pero otros personajes contribuyen también al tono humorístico de la comedia: la figura anticuada y cargante de Lucencio —su ignorancia respecto a la vida amorosa de su sobrina— o las intervenciones con que Floro recrimina la candidez de su amo suscitan igualmente la sonrisa. En realidad, gran parte de la comicidad de la obra se basa en la complicidad que se establece con el público, que al conocer toda la trama urdida por Leonarda —desconocida por la mayoría de los personajes— entiende bien los dobles sentidos y disfruta de los equívocos de la trama.

Una comedia femenina y feminista

Leer o asistir a una representación de esta obra puede resultar una delicia. Bien es cierto que nos va a exigir un pequeño esfuerzo inicial, porque, primero, la extrañeza del verso y lo alambicado por momentos del lenguaje y, segundo, desenmarañar en su trama el hilo conductor, seguro que nos lleva un tiempo. Pero enseguida nos gana la modernidad de su planteamiento y la frescura de su protagonista. Porque la trasgresión y el deseo de libertad que late en ella y la adopción de un punto de vista femenino conecta bien con la forma de ser y pensar de hoy.

¿Punto de vista femenino o feminista? Al hablar del primero, seguimos al crítico Waidropper, que caracteriza por ese la comedia de enredo. Según él, esta muestra el triunfo de las mujeres sobre los hombres, aunque haya que matizar que ese triunfo culmina con el matrimonio y, por tanto, con el sometimiento de la mujer y la reposición del orden social. Es lo que ocurre en la obra. Pero lo novedoso y atractivo en ella, que la conecta con el feminismo actual, es la apuesta de su protagonista por la independencia, el decidir sobre su vida y su deseo. No podemos decir que sea un personaje *empoderado* —el término ni existía—, pero se aproxima y, por ello, nos resulta cercana a nuestro presente. Esa proximidad explica que sea, junto a los títulos consagrados de este autor, una de las más llevadas al escenario en la actualidad, en versiones más o menos libres. Por ejemplo, una de las más recientes, la presentada en el teatro Rialto de Valencia en marzo de 2023 por Adrián Novella, se contextualiza en la actualidad y presenta a una protagonista todavía más independiente y decidida, y un final menos convencional, más acorde a nuestros días.

Esta edición

Esta edición pretende combinar el respeto a la obra original con el facilitar la lectura y comprensión al lector joven para el que esta colección está pensada.

Por ello, por un lado, se ha modernizado la ortografía de algunos vocablos: 'vitoria, invidia, escura, lenterna, verisímil, efeto, silicio...', entre otros, sustituidos por los actuales 'victoria, envidia, oscura, linterna, verosímil, efecto, cilicio...»; por otro, para evitar la saturación de demasiadas notas léxicas a pie de página, puntualmente se ha optado por el sinónimo actual, si no afecta a la métrica: así leemos 'hacha, salto, árabes...' en vez de 'segur, robo, alarbes...' Sí se han conservado la metátesis del imperativo junto a pronombre y la asimilación de infinitivo a la *l-* del pronombre.

Con todas esas «libertades» se ha pretendido conseguir que los versos sigan conservando el regusto a lengua del Siglo de Oro a la par que reducir la dificultad de comprensión que su «extrañeza» conlleva.

Bibliografía

ALBORG, Juan Luis, *Historia de la Literatura española,* tomo II, Madrid, Gredos, 1980.

ARMAS, Fredrik, A., *Mujer y mito en el teatro clásico español: «La viuda valenciana» y «La dama duende»,* Pennsylvania State University; disponible en: <https://dialnet.unirioja.es/servlet/articulo?codigo=177530> (últ. consulta: 28/02/2024).

LÁZARO CARRETER, Fernando, «Félix Lope de Vega Carpio», en Ricardo GULLÓN (dir.), *Diccionario de literatura española e hispanoamericana,* prólogo de Fernando Lázaro Carreter, Madrid, Alianza, 1993, págs. 1711-1715.

OLEZA, Juan, *La comedia: El juego de la ficción y del amor,* en Edad de Oro, núm. X, 1990; disponible en: <https://www.uv.es/entresiglos/oleza/> (últ. consulta: 28/02/2024).

RUIZ RAMÓN, Francisco, *Historia del Teatro Español. (Desde sus orígenes hasta 1900),* Madrid, Cátedra, 1981.

SÁNCHEZ JIMÉNEZ, Antonio, *Lope: El verso y la vida,* Madrid, Cátedra, 2018.

VEGA, Lope de, *La viuda valenciana,* edición de Teresa Ferrer Valls, Madrid, Castalia, 2002.

— *Arte nuevo de hacer comedias,* Madrid, Cátedra, 2006.

ZAMORA VICENTE, Alonso, *Lope de Vega. Su vida y su obra,* Madrid, Gredos, 1962.

La viuda valenciana

DEDICADA A LA SEÑORA MARCIA LEONARDA[1]

Después que supe que vuesa merced había enviudado en tan pocos años, que aunque las partes y gracias de su marido la obligaran a sentimiento, la poca edad la escusara, [...] me determiné a dirigirle esta comedia, cuyo título es *La viuda valenciana*. [...] Discreta fue Leonarda (así lo es vuesa merced y así se llama) en hallar remedio para su soledad, sin empeñar su honor; que como la gala del nadar es saber guardar la ropa, así también lo parece acudir a la voluntad sin faltar a la opinión[2]. Lo más seguro es no rendirla; pero si pocos años, mucha hermosura, bizarro brío y ejercitado entendimiento, dieren tal vez oído a la lisonja de algún ocioso, no le estará mal al peligro haber leído esta fábula; [...] volvamos al consejo: que de los maduros le han de tomar los agraces[3] [...] Opuestos, pues, los altos para secretos gustos, los iguales para bendiciones públicas, será fuerza que vuesa merced confusa consulte sus íntimas privanzas, si no lo fueren más sus privacio-

---

[1] Al dedicar explícitamente la obra a su amante Marta de Nevares —a la que poéticamente llama Marcia Leonarda— Lope entrelaza una vez más vida y literatura .

[2] En el teatro del Siglo de Oro, el término se entiende como 'opinión pública', fama, honra, tema fundamental del teatro de la época.

[3] Inmaduros, inexpertos ('agraz': uva verde, sin madurar).

nes[4]. Aquí es donde entre *La viuda valenciana,* espejo en que vuesa merced se tocará [...] y se acordará de mí, que se la dedico. No fue todo mentira; que si no pasó a la letra, a lo más sustancial no hice más que darle lo verosímil [...].

Estoy escribiendo a vuesa merced y pensando en lo que piensa de sí con ojos verdes, cejas y pestañas negras, y en cantidad, cabellos rizos y copiosos, boca que pone en cuidado los que la miran cuando ser ríe, manos blancas, gentileza de cuerpo y libertad de conciencia en materia de sujeción; pues la señora muerte, en figura de redentor de la Merced, la sacó [...] de un hombre[5] que comenzaba a barbar por los ojos y acababa en los dedos de los pies. [...] él tenía el más grosero entendimiento que ha tenido celoso después que se usa estorbar mucho y regalar poco. [...] ¡Bien haya la muerte! No sé quién está mal con ella, pues lo que no pudiera remediar física humana, acabó ella en cinco días con una purga sin tiempo, dos sangrías anticipadas, y tener el médico más afición a su libertad de vuesa merced que a la vida de su marido. Puedo asegurarle que se vengó de todos con sola la duda en que nos tenía sí se había de morir o quedarse: tanto era el deseo de que se fuese; no porque él faltase, pues siempre faltó, sino porque habiendo imaginado que nos dejaba, fuera desesperación el volverle a verle. Bien creerá vuesa merced cuán lejos estaré yo de su

---

4 Lope le recomienda a la viuda que, ya que no puede satisfacer su «secretos gustos» ni con caballeros nobles —altos— ni con iguales en el matrimonio —pues está de luto—, consulte con su «privado», o sea, él mismo, para no pasar «privaciones». Nótese el juego de palabras.

5 En contraste con la gentileza y belleza de Marcia, empieza aquí la grotesca descripción del marido (velludo, celoso y tacaño) y el contento que le produce su muerte.

oposición; y así debe creerme el deseo de su bien, libre de interés humano; porque, ¿quién no amará tantas gracias, tanta hermosura y celestial ingenio[6]? Si vuesa merced hace versos, se rinden Laura Terracina, Sapho, Valeria. [...] Si toma en las manos un instrumento, a su divina voz e incomparable destreza, el padre de esta música, Vicente Espinel, se suspendiera atónito. Si escribe un papel, la lengua castellana compite con lo mejor, la pureza del hablar cortesano cobra arrogancia, el donaire igual a la gravedad, y lo grave a la dulzura. Si danza, parece que con el aire se lleva tras sí los ojos, con la disposición las almas, y con los chapines[7] pisa los deseos. Mas ¿cómo soy yo tan atrevido, que donde todo es milagro ponga lunares con mi rudeza y, como mal pintor, desacredite el original con la imperfección de mi retrato? Vuesa merced repare en mis deseos, de quien sacará mejor lo que no acierto a decir, que lo puede preguntar al espejo; perdonará a mi pluma, y en el del alma retratará más vivo su entendimiento. Dios guarde a vuesa merced.

Su capellán, y aficionado servidor,
LOPE DE VEGA CARPIO

---

[6] Tras la descripción anterior de la belleza física de Marta de Nevares, corresponde ahora, suponemos que con cierta idealización, la intelectual: cita a diversas poetas para destacar su maestría en los versos; a Vicente Espinel para elogiar su destreza musical; concluye ensalzando la pureza y donaire con que usa la lengua y su habilidad en la danza.

[7] *chapines*: calzado femenino con plataforma que podía alcanzar un palmo de altura; se utilizaba para estilizar la figura y proteger los vestidos del barro. Su uso era criticado por los moralistas de la época.

FIGURAS DE LA COMEDIA

LUCENCIO, viejo.
LEONARDA, viuda moza.
JULIA, criada suya.
URBÁN, escudero suyo, mozo.
CAMILO, galán.
FLORO, criado suyo.
CELIA, dama.
OTÓN, galán.
VALERIO, galán.
LISANDRO, galán.
ROSANO, cortesano.
UN ESCRIBANO.
UN ALGUACIL.
CRIADOS.

ACTO PRIMERO

{Escena 1}
Sale LEONARDA *viuda, con un libro, y* JULIA, *su criada.*

LEONARDA.	¡Celia! ¡Julia! ¿No me oís?	
JULIA.	Señora…	
LEONARDA.	Loca, ¿en qué andas?	
JULIA.	Ya vengo a ver lo que mandas.	
LEONARDA.	Guárdame ese fray Lüis.	
JULIA.	Viéndote en esos traspasos[1],	5
	no será mucha lisonja	
	apostar que de ser monja	
	no has estado dos mil pasos;	
	aunque, como me nombrabas	
	a fray Luis cuando salí,	10
	en verdad que colegí[2]	
	que todo un fraile me dabas.	
LEONARDA.	No son para tu rudeza,	
	necia, razones tan altas.	
JULIA.	¡Qué mal encubrí las faltas	15
	que me dio naturaleza!,	

---

[1] *traspasos:* tormentos, aflicciones.
[2] *colegí:* deduje, inferí.

	que, al no tener hermosura,	
	no añado la discreción.	
LEONARDA.	Basta una buena razón	
	y una honrada compostura,	20

que, al no tener hermosura,
no añado la discreción.

LEONARDA. Basta una buena razón
y una honrada compostura,   20
Julia, en cualquiera mujer;
que si de aguda se precia,
está muy cerca de necia
y aun de venirse a perder.[3]
Yo, después que me faltó   25
mi Camilo, que Dios tiene,
que [a] hacer el oficio viene
del alma que me llevó,
como he dado en no casarme,
leo por entretenerme,   30
no por bachillera[4] hacerme,
y de aguda graduarme;
que a quien su buena opinión
encierra en silencio tal,
no halla en los libros mal.   35
Gustosa conversación
es cualquier libro discreto,
que si cansa, de hablar deja;
es amigo que aconseja
y reprehende en secreto.   40
Al fin, después que los leo

---

[3] Se expone aquí lo que se pensaba sobre la instrucción de la mujer: la hermosa tiende a ser ignorante, loca y vana mientras que solo las feas eran cultas y entendidas, *discretas*.

[4] Frente al prestigio que comportaba el título de «bachiller» en el hombre, en femenino tenía connotaciones negativas.

	y trato de devoción,	
	de alguna imaginación	
	voy castigando el deseo.	
JULIA.	Y ¿en qué materia leías?	45
LEONARDA.	De oración.	
JULIA.	¿Quién no se goza	

de ver que, tan bella moza,
tan santas costumbres crías?;
¿ver hablar en la ciudad
de tu mucho encerramiento,   50
cordura y entendimiento,
fama, honor y honestidad?
Dicen que el Siglo Dorado
nuevo estado ahora toma;
que has hecho a Valencia Roma[5],   55
y presente lo pasado;
que en ti se encierra y anida
todo el bien que tiene el suelo,
y que eres ángel del cielo
en hermosura y en vida.   60
Los mozos están de forma,
que nadie a verte se atreve,
porque no hay quien no se eleve
si de tu vida se informa.

---

[5] Atención a las réplicas cargadas de ironía de Julia; en estos versos alude a que el honor y honestidad de su ama reviven el ideal del siglo dorado y convierten a Valencia en Roma, alusión tópica en la época, por considerarse legendaria la honestidad de las matronas romanas.

LEONARDA.   De todo, Julia querida,   65
             se sirva Dios; que esa fama
             es de estopa[6] fácil llama:
             antes muerta que encendida.
             No procuro ser nombrada,
             ni comer, como Artemisa[7],   70
             las cenizas que ya pisa
             la muerte con planta helada;
             ni ser la que el nombre
             toma de que de antojo murió,
             porque a ver no se asomó   75
             el monstruo que entró por Roma;
             ni la que con el carbón
             pintó la sombra al marido,
             que tuvo, en siendo partido,
             en igual veneración.   80

---

[6] *estepa:* parte gruesa del cáñamo o el lino, o tela que se fabrica con sus fibras (fácilmente inflamable). Ya se plantea aquí la fragilidad de este concepto, lo fácil y rápido de su destrucción.

[7] Leonarda se distancia en estos versos de los ejemplos que ofrecen algunas mujeres consideradas virtuosas por la fidelidad extrema al marido ; así, Artemisa, mujer de Mausolo: la muerte de éste le produjo tal dolor que se fue bebiendo poco a poco sus cenizas y le erigió uno de los más bellos monumentos sepulcrales, el Mausoleo, considerado una de las siete maravillas del mundo antiguo; o la mujer de un cónsul romano, tan recogida que no se asomaba siquiera a las ventanas: un día, estando embarazada, se exhibía por las calles un monstruo egipcio y al reprimir el antojo de verlo, murió.

	Quiero ser una mujer	
	que, como es razón, acuda	
	al título de vïuda,	
	pues a nadie he menester.	
JULIA.	¿Que, en fin, no te casarás?	85
LEONARDA.	¡Jesús!, Julia, no lo nombres.	
	Asco me ponen los hombres;	
	no me los nombres jamás.	
	Tráeme la imagen acá	
	que compré de aquel pintor.	90
JULIA.	¿Pedirle quieres favor?	
	Tentaciones te dan ya.	
LEONARDA.	Calla, necia; que la quiero	
	solamente para vella.	
JULIA.	Y ¿cómo diste por ella	95
	tanta suma de dinero?	
LEONARDA.	Por el pincel que le dan,	
	que el dueño me satisfizo;	
	que allá en la corte la hizo	
	un famoso catalán.	100
JULIA.	Voy.	

Se va.
{Escena 2}

LEONARDA.	No hay ya de qué tratar	
	que servir a Dios no sea.	
	Bien aquí la vida emplea	
	quien ve lo que ha de durar.	
	Terror es que, perseguida,	105
	en esta edad guarde un muerto,	
	fe tan cierta, amor tan cierto,	

verdad viva y casta vida.
Pero en la dificultad
escriben que está la gloria, 110
y eso se llama victoria,
resistir la voluntad.
Dejadme aquí, pensamientos;
no hay más, no me he de casar.

Sale JULIA.
{Escena 3}

JULIA.	Aún no le acertaba a hallar. 115
LEONARDA.	(Resistid, castos intentos.)[8]
JULIA.	Vesle aquí.
LEONARDA.	(Cubra mi olvido
	las vanidades que dejo.)

Le da un espejo.

¿Qué es esto, necia? ¡El espejo
por la imagen me has traído! 120
Toma.   Acábate de ver,

JULIA.	Acábate de ver,
	verás lo que has de llorar,
	no lo pudiendo cobrar,
	si aquí lo dejas perder.
LEONARDA.	Toma allá.

---

[8] En toda la comedia, los apartes se marcan
entre paréntesis.

{Escena 4}
Sale LUCENCIO, *tío de* LEONARDA.

LUCENCIO.	No se le⁹ des,	125

LUCENCIO.   No se le⁹ des,   125
                      pues quiso Dios que viniese
                      a tiempo que verte viese,
                      tú, que a ti ni a nadie ves.
                      ¿Qué milagro, di, sobrina,
                      es este de hallarte así?   130
LEONARDA.   (Si hoy no me vengo de ti...
JULIA.   Pues ¿vile yo entrar?)
LEONARDA.   Camina.

Se va JULIA.

LUCENCIO.   Bien tendrán canas de un viejo
                      con tu edad autoridad.
LEONARDA.   Juzgarás a liviandad   135
                      hallarme con el espejo;
                      que suele ser conocida
                      la mucha de una mujer
                      en irse y venirse a ver,
                      después de una vez vestida.   140
                      Y yo, conforme a mi estado,
                      hago en eso más delito.
LUCENCIO.   A enojo siempre me incito
                      con tu melindre¹⁰ extremado.
                      ¿Es mucho que una mujer   145

---

⁹ Leísmo, propio del habla madrileña; es rasgo
de toda la obra. En esta edición se corrigen
en adelante solo los de aceptabilidad menor.
¹⁰ *melindre:* delicadeza afectada y excesiva en
palabras, acciones o ademanes.

que ha de estar un día compuesta,
vaya a ver si está bien puesta
la toca o el alfiler?
¿Quién se lo dirá mejor,
si está bien o si está mal,   150
que ese palmo de cristal?

LEONARDA.   ¡Cómo disculpas mi error!

LUCENCIO.   Eso fuera, a ser de aquellas
que junto a las celosías
hacen colgar muchos días   155
su espejo, o en medio de ellas;
y así como están hablando
por de fuera a su galán,
el habla y meneos van
en el espejo mirando;   160
y el necio a quien satisface
por sí lo entiende y se admira;
y es el espejo a quien mira,
a quien la fiesta se hace.
No eres tú la que le lleva   165
a la iglesia y al sermón
y, fingiendo devoción,
se mira cuando se eleva.
Ni al beber haces agravio
con pico de aguamanil[11],   170
porque la color sutil
no se despegue del labio.
No te quiero decir cosas,
que a un viejo parecen mal,

---

[11] *aguamanil:* jarro con pico para echar agua
en la palangana o pila donde se lavan las
manos.

	de esta regla universal	175
	de feas y melindrosas.	
	Mírate, y te guarde Dios;	
	y pues que he venido a verte	
	cuanto tú te has visto, advierte	
	y estemos solos los dos.	180
LEONARDA.	Tío, si es de casamiento,	
	ni se miente ni se hable.	
LUCENCIO.	¡Que has de ser tan intratable,	
	con tan buen entendimiento!	
	¿Escucharme no merezco?	185
	¿Dónde un viejo honrado hablara	
	que, siéndolo, no escuchara	
	cualquier hombre?	
LEONARDA.	(Hoy me enflaquezco.)	
	Si yo sé lo que me quieres,	
	¿por qué he de dejar cansarte?	190
LUCENCIO.	¿Que has de ser en esta parte	
	igual a tantas mujeres?	
	¿Qué pertinacia es la tuya?	
	¿Piensas que estas cosas son	
	para tu buena opinión?	195
	Son para que se destruya.	
	¿Cómo piensas conservarte,	
	ya que tan resuelta vienes,	
	en el estado que tienes	
	tantos años sin casarte?	200
	Es verdad que te han quedado	
	tres mil ducados de renta;	
	pero yo no pongo en cuenta	
	lo que es vivir descansado	
	—que si esto te faltara,	205

gracias a Dios que me sobra—,
pero el verte empezar obra
de acabarse bien tan cara.
¿Adónde te esconderás
de la envidia y vulgo vil   210
aunque en un año y en mil
no salgas de donde estás?
Que con sol abras tu puerta
y cierres a la oración,
que los que más linces son   215
no vean ventana abierta;
que un átomo, que el sol mismo
no entre en casa tan rara,
por sí oscura, y por ti clara,
cielo en parte, en parte abismo;   220
que tengas dragones y Argos[12]
más que vellocino y fruta.
¿Qué importa? La envidia astuta
tiene lengua y ojos largos.
Dirán que con el esclavo   225
que dentro de casa tienes,
a ser Angélica[13] vienes,
soberbia e infame al cabo;
y ofendido tu decoro,

---

[12] *dragones... fruta:* Lucencio expone a su
sobrina, para que esté prevenida de lo que
le puede pasar a ella, casos de guardianes
mitológicos que perdieron lo que custodia-
ban; como Argos, el monstruo de cien ojos
encargado por Juno de cuidar a Ío.
[13] Angélica, la protagonista de *Orlando Furio-
so* de L. Ariosto, tras rechazar a pretendien-
tes ilustres se enamora de un pobre soldado
sarraceno, Medoro.

	mil que seguido te han,	230
	a Júpiter cisne harán,	
	o por dicha, lluvia de oro.	
	¿Cuánto es mejor que te cases,	
	y estas malicias escuses[14]?	
LEONARDA.	Ya no habrá de qué me acuses,	235

mil que seguido te han,   230
a Júpiter cisne harán,
o por dicha, lluvia de oro.
¿Cuánto es mejor que te cases,
y estas malicias escuses[14]?

LEONARDA. Ya no habrá de qué me acuses,   235
si no es que adelante pases.
No dirás que no te oí.
Dime, Lucencio, ¿es mejor
a peligro de un error
poner mi vida por ti?   240
¿A este daño me acomodas,
si todos los que han escrito
han reprehendido infinito
siempre las segundas bodas?
La viudez casta y segura,   245
¿no es de todos alabada?
Si es de la envidia infamada,
este engaño poco dura;
que al fin vence la verdad
y vuela la buena fama,   250
que es fénis que de su llama
nace para nueva edad.
¡No, sino venga un mancebo
de estos de ahora, de alcorza[15],

---

14 *escuses:* ocultes, escondas.
15 *alcorza:* pasta blanca de azúcar con la que se recubren dulces o se hacen figuritas. Figuradamente, delicadeza, blandura, afeminación. Se inicia aquí la descripción de los galanes de la época, a la moda, presumidos, preocupados tan solo por la apariencia.

con el sombrerito a orza,   255
pluma corta, cordón nuevo,
cuello abierto muy parejo,
puños a lo veneciano,
lo de fuera limpio y sano,
lo de dentro sucio y viejo!;   260
¡botas justas, sin podellas
descalzar en todo un mes,
las calzas hasta los pies,
el bigote a las estrellas;
jaboncillos y copete,   265
cadena falsa que asombre,
guantes de ámbar, y grande hombre
de un soneto y un billete;
y con sus manos lavadas
los tres mil de renta pesque,   270
con que un poco se refresque
entre sábanas delgadas;
y pasados ocho días,
se vaya a ver forasteras,
o en amistades primeras   275
vuelva a deshacer las mías!
Vendrá tarde; yo estaré
celosa; dará mi hacienda;
comenzará la contienda
de esto de si fue o no fue.   280
Yo esconderé y él dará;
buscará deudas por mí;
entrará justicia aquí;
voces y aun coces habrá.
No habrá noche, no habrá día,   285
que la casa no alborote:

«—Daca la carta de dote.
—Soltad la hacienda, que es mía.
—Entrad en esta escritura.
—No quiero. —¡Ah, sí! ¿No queréis?   290
Yo os haré, infame, que entréis,
si el brío de ahora os dura».
Y que mientras más me postro,
me haga muy más apriesa
de dos títulos condesa,   295
Concentaina y Puñoenrostro[16].
Yo he dicho.

LUCENCIO.   Acabado has
como oración en latín.

LEONARDA.   Latín pudo ser el fin;
mas romance lo demás.   300
Esto propuse aquel día,
y a ser varonil mujer,
brasas había de comer,
y abrasar alma tan fría.

LUCENCIO.   Sobrina, aquí se acabó.   305
Desde aquí doy a los vientos
todos cuantos casamientos
me han hablado y busco yo;
que tres a escoger traía,
y ya solo he de pedir   310
que no demos qué decir
de tu edad ni de la mía.

---

[16] Con el juego de palabras de estos dos títulos nobiliarios concluye cómicamente su evocación de la convivencia matrimonial: engañada con otras mujeres, con su hacienda despilfarrada, y aguantando violencias y juicios.

Mira por ti, pues te quedas
en tan moza libertad;
que es mucho que en tal edad   315
tan segura vivir puedas.
Cuando mires al espejo
tu hermosura y pocos años,
tú verás cuántos engaños
te dan los dos por consejo.   320
Y Dios te lleve adelante
ese cilicio[17] y ayuno.

LEONARDA.   (¡Qué viejo tan importuno!)
LUCENCIO.   (¡Qué mujer tan arrogante!)

{Escena 5}
Se van. Sale LISANDRO, *galán*[18].

LISANDRO.   Rompe una peña el agua cuando estriba   325
              por largo curso en ella su corriente,
              y al hacha del labrador valiente
              se humilla el pino y la arrugada oliva.
              De su fruto oriental, la palma altiva
              rinde, aunque tarde, a la africana gente; 330
              viene el novillo al yugo, y la serpiente
              a la voz del encanto se derriba.
              Fabrica un escultor una figura

---

[17] *cilicio:* saco o vestidura áspera que se usa-
ba antiguamente para la penitencia.
[18] La acción se traslada del interior de la casa
de Leonarda al exterior, a la puerta de la calle
donde rondan los tres pretendientes, que en
sendos sonetos se quejarán de lo mismo: la
indiferencia y dureza de Leonarda.

de un mármol duro, de una piedra helada,
y viene a tener ser lo que no era.   335
Y por más que mi amor vencer procura
una mujer hermosa y delicada,
con ser mujer, está rebelde y fiera.

{Escena 6}
Sale VALERIO, *galán.*

VALERIO.   Baja del monte el agua despeñándose
y va de piedra en piedra entremetiéndose;   340
y con venir como el cristal riéndose,
va por la tierra con el tiempo entrándose.
Mi mal, con beneficios aumentándose,
hace que el bien se vaya, consumiéndose,
y luego la esperanza entreteniéndose,   345
de verle florecer está alegrándose.
Amor me ve morir y satisfácese,
donde con tiempo y obras desmerécese;
que es ola que en el mar se rompe y hácese.
El bien y el mal para mi mal ofrécese;   350
pero en un punto el bien muérese y nácese,
y luego la esperanza desparécese[19].

---

[19] Lope caracteriza cómicamente a los tres pretendientes desde su salida a escena. En el caso de Valerio con este soneto de rima esdrújula, tan artificial y ripioso. En el siguiente, el de Otón, llenándolo de expresiones y referencias topográficas rebuscadas y pedantes.

{Escena 7}
Sale OTÓN, *galán.*

OTÓN.	Halla con lengua, lágrimas y ruego,
	entre bárbaros, paso el peregrino;
	guía por las montañas de Apenino, 355
	agua en la Libia y en la Citia fuego.
	El abarimo[20], en sus crueldades ciego,
	por sus tierras le da franco camino,
	halla en Arabia pan, en Persia vino,
	y en los árabes de África sosiego. 360
	Corren el llanto y la alegría parejas,
	y el cautivo en el moro de Marruecos
	halla piedad entre cadena y rejas.
	¡Y un áspid hecho de peñascos secos,
	de mis cansadas lágrimas y quejas, 365
	aun no se precia de escuchar los ecos!
VALERIO.	¡Lisandro!
LISANDRO.	¡Valerio!
VALERIO.	¡Otón!
OTÓN.	¡Oh hidalgos!
VALERIO.	Creo que junta
	amor la conversación.
LISANDRO.	Eso de amor se pregunta 370
	a los que amantes no son.
	Ea, acabaos de cubrir;
	que bien se puede decir

---

[20] *abarimo:* habitante de Abarimón, antigua
región de Sicilia.

	aquesto de amor cubiertos;	
	que no es Evangelio[21].	
OTÓN.	Adviértoos	375
	que así se había de oír;	
	que son tales sus antojos,	
	que había, cuando se empieza	
	a tratar de sus enojos,	
	de estar libre la cabeza	380
	y descubiertos los ojos.	
	No porque a verdad aspira,	
	que antes de ella se retira;	
	mas porque son menester	
	muchos ojos para ver	385
	tan agradable mentira.	
LISANDRO.	Bien a Otón se le parece,	
	que por la hermosa vïuda	
	se deshace y desvanece.	
OTÓN.	Y de vos, ¿pondremos duda	390
	que os abrasa y enflaquece?	
	¿Por qué rompéis a los cielos[22]	
	cuantas túnicas y velos	
	los astrólogos les ponen,	
	porque con ella os abonen?	395
VALERIO.	Declárense si son celos.	
	Entraré yo de por medio	

---

[21] Se alude a la costumbre de oír en misa la palabra de Dios, los Evangelios, con la cabeza cubierta.

[22] *cielos... abonen:* pregunta por qué consulta con los astrólogos intentando adivinar su futuro con la viuda. Los tres pretendientes confiesan estar enamorados de la viuda.

	a quitar la pesadumbre,	
	y dar algún corte y medio.	
LISANDRO.	Mas a entraros por su lumbre	400
	por el último remedio	
	que dé la que vive aquí.	
	Mas ¡ay!, que en Otón y en mí	
	es el alma enamorada	
	de mariposa turbada,	405
	que habrá de morir allí.	
VALERIO.	¿Yo, por Leonarda?	
LISANDRO.	Vos, pues.	
	¿Pensáis que está muy secreto	
	lo que tan notorio es?	
OTÓN.	Finalmente, que a un sujeto	410
	queremos bien todos tres.	
VALERIO.	Ahora bien, porque lo es tal,	
	confesar no me está mal,	
	y porque este casamiento	
	me ha dado algún pensamiento.	415
LISANDRO.	¡Gran mujer!	
OTÓN.	No tiene igual.	
LISANDRO.	Lo que Valerio, pretendo.	
OTÓN.	Yo lo mismo solicito.	
VALERIO.	Si emprendéis lo que yo emprendo,	
	o os ofendo si os lo quito,	420
	o en quitármelo me ofendo.	
	¿Puédese esto componer?	
LISANDRO.	Muy bien se puede hacer.	
	Ande el pleito y la amistad.	
OTÓN.	Competencia y voluntad	425
	no suelen juntas comer.	
	Pero habrá de ser así,	

	que a todos está mejor;	
	si no es que haya alguno aquí	
	que tenga de ella favor.	430
VALERIO.	No diré yo que yo fui;	
	aunque el que he tenido puedo	
	contar a los dos sin miedo,	
	como palabra me deis	
	que los vuestros contaréis.	435
LISANDRO.	Por mi parte, lo concedo.	
OTÓN.	Y yo, por mi parte.	
VALERIO.	Oíd,	
	y el galardón de mi amor	
	deste favor presumid.	
OTÓN.	Di, Valerio, tu favor.	440
VALERIO.	Ya comienzo.	
LISANDRO.	Di.	
VALERIO.	Advertid:	
	A esta gallarda vïuda[23]	
	que tiene el alma de tigre,	
	en un coche vi una tarde	
	como tres mil serafines.	445
	Iba subiendo el sol,	
	porque el sol iba a encubrirse,	
	aunque la cortina a veces	
	era a mis ojos eclipse.	
	Hícele una reverencia,	450

---

[23] En esta escena, alternando con la quintilla, predomina el romance, que Lope considera-ba estrofa ideal para la narración: aquí cada pretendiente nos va a contar el único «favor» que ha recibido de la viuda; lo narrado es cómico y grotesco a un tiempo.

y ella con algún melindre,
sacó del estribo afuera
todos los pechos de un cisne.
Yo, creyendo que podía
en este favor asirme,   455
con mi guitarra en su calle
me tocó San Juan maitines[24].
Había hecho una glosa;
por mi mal la glosa hice.
Empecé a cantar más tierno   460
que un tiempo Píramo a Tisbe:
«Socorre con agua al fuego»,
fue lo primero que dije,
y lo postrero también;
del socorro Dios os libre.   465
Si era agua limpia o mezclada,
Dioscórides[25] lo averigüe;
basta que toda la noche,
gasté en limpiarme y reírme.

LISANDRO.   Va el mío; pero es mejor,   470
que en efeto fue favor,
y el de Valerio pesar.

OTÓN.   Empieza, pues, a contar.

LISANDRO.   Comienzo en nombre de amor:
Por esta dichosa calle,   475

---

[24] *su calle... maitines:* oye que desde la iglesia de San Juan del Hospital —en la calle Trinquete de los Caballeros— tocan a 'maitines', la primera hora canónica que indica el amanecer.

[25] *Dioscórides:* fue un médico, farmacólogo y botánico de la antigua Grecia. Su obra *De Materia Médica* se convirtió en un manual de referencia en la Edad Media y el Renacimiento.

desdichada en tanto estremo,
donde mil penantes viven,
velando prendas de un muerto,
llevaban unos ladrones
una noche escura, huyendo   480
de la vecina justicia,
de vino un famoso cuero.
Al pasar los desdichados,
las puertas de mármol vieron
de esta vïuda más dura,   485
y pusiéronle en lo hueco.
Los alguaciles y mozos,
embebecidos corriendo,
no vieron dónde quedaba
el arrimado mancebo.   490
Yo, que estaba en una esquina
mirándolo desde lejos,
apresuré luego el paso,
llevándome el aire en peso.
Llegando a la amada puerta,   495
vi un bulto a mis ojos negro,
con su capa y con su espada,
mirando y hablando adentro.
Lleguéme a él, y metíme
hasta la barba el sombrero,   500
y díjele: «¡Ah, gentilhombre!»,
terciando el corto herreruelo[26].
Como no me respondía,

---

[26] *herreruelo*: capa corta; terciar: ladear; *daga*: arma; o sea, facilitando el sacar la daga en caso de riña.

	saco la daga de presto	
	y por el pecho a mi gusto	505
	hasta la cruz se la meto.	
	Diome la sangre en el mío,	
	y vuelto a mi casa huyendo,	
	miro a una luz la ropilla,	
	y olía como un incienso.	510
	Tomo una linterna y parto,	
	y cuando a mirarle vuelvo,	
	hallo derramado el vino,	
	y el cuero midiendo el suelo[27].	
OTÓN.	Si esos son vuestros favores,	515
	reniego de los amores.	
VALERIO.	Diga Otón el suyo, a ver.	
OTÓN.	¡Ah, Tulio![28], aquí he menester	
	tus retóricos colores.	
	Cantaban la vez primera	520
	con su voz ronca los gallos,	
	respondiéndose muy lejos	
	los del lugar y del campo,	
	cuando de nuestra vïuda,	
	como un reloj concertado,	525
	la ventana con los ojos	
	y la calle mido a pasos.	
	Estaba el cielo más negro	
	que un portugués embozado,	

---

[27] La anécdota recuerda el episodio de don Quijote con los cueros de vino, a los que ataca al confundirlos con un gigante.

[28] Alude a Marco Tulio Cicerón, el famoso orador romano, cuya brillante retórica necesitaría para narrar.

y a esta causa erré la reja, 530
dos ventanas más abajo.
Vivía un buen zapatero
donde yo con gran cuidado
puse los ojos, por ver
la casa en que viven tantos; 535
y vi en un balcón un bulto
la mitad del cuerpo blanco;
y creyendo ser la viuda,
así la requiebro y hablo:
«Ángel, cuya alba[29] es la toca 540
y cuya estola el rosario,
oíd un secreto solo
deste enamorado esclavo».
No le hube dicho, señores,
cuando el zapatero honrado, 545
que estaba en camisa al fresco,
dijo, un ladrillo tomando:
«¿A mi mujer, requebritos?
¡Por estas barbas, bellaco,
que yo os conozca de día!». 550
Y si al tirar no me bajo,
con los polvos del ladrillo
me deja allí rociados,
como escudilla de arroz,
los sesos entre los cascos. 555

VALERIO. Los favores son iguales;
mas al fin, tratando veras

---

[29] *alba:* túnica blanca que llevan los sacerdo-
tes; *estola:* tira larga de tela que cae alrede-
dor del cuello por encima de la túnica.

	y dejando burlas tales,	
	¿no veis que estas tres quimeras	
	han de engendrar cien mil males?	560
OTÓN.	Un consejo os quiero dar.	
LISANDRO.	¿Cómo?	
OTÓN.	Que el pleito tratemos	
	dejándonos de tratar.	
VALERIO.	¿Queréis que no nos hablemos?	
OTÓN.	Yo a ninguno pienso hablar,	565
	encuéntrele adondequiera.	
LISANDRO.	Yo me voy desa manera.	
OTÓN.	¡Ay, Leonarda, hermosa y muda!	
LISANDRO.	¡Ay, bellísima vïuda!	
VALERIO.	¡Ay, hermosísima fiera!	570

{Escena 8}
Se van. Sale LEONARDA *y* JULIA.

JULIA.	Castigado han tu locura	
	los cielos.	
LEONARDA.	Y de tal suerte,	
	que no me han dado la muerte	
	para mayor desventura.	
	Y pues que así me declaro,	575
	créeme que algún hechizo	
	este viejo astuto hizo	
	contra mi helado reparo;	
	que llevarme aquesta tarde	
	a buscar mi vituperio[30]	580

---

[30] *vituperio:* afrenta, deshonra. La acción se ha
trasladado al exterior de alguna iglesia, por

	no carece de misterio.	
JULIA.	Dios de pensallo me guarde.	
	Tan ignorante está él	
	de lo que te ha sucedido,	
	como ese mismo que ha sido	585
	basilisco[31] tan crüel.	
	¡Malditos sus ojos sean,	
	que a la primer vista pueden	
	hacer que otros ciegos queden!	
LEONARDA.	Déjalos, Julia, que vean;	590
	que es bien que tan buenos ojos	
	no pierdan porque me vieron.	
JULIA.	¡Por mi agüela, que te dieron	
	muy aprisa los antojos!	
	¡Rabia en él!	
LEONARDA.	No digas eso.	595
	Dios le guarde. ¿Qué te va?	
JULIA.	¡Ay, señora! ¿Adónde está	
	tu autoridad y tu seso?	
	¿Qué es de aquella gravedad	
	con que hoy al turbado viejo	600
	subiste al cielo el espejo	
	de tu fama y castidad,	
	y del melindre que hiciste	
	de verte en el de cristal?	
LEONARDA.	No me predicas muy mal.	605
JULIA.	Calla ahora, no estés triste.	

---

la tarde del mismo día y enseguida deduci-
mos que Leonarda acaba de prendarse de
algún mancebo.

[31] *basilisco:* animal fabuloso al que se atribuía
la propiedad de matar con la vista.

	¿Ello ha de ser tempestad,	
	o cosa para de asiento?	
LEONARDA.	Estoy sin entendimiento	
	del mal de la voluntad.	610
JULIA.	Ahí falta una potencia;	
	sangrarse della, y a Dios.	
LEONARDA.	¡Amor, esto podéis vos!	
JULIA.	¿Que hombre te agrada en Valencia?	
	¿Que ya no eres tú la helada,	615
	la santa, la recogida?	
LEONARDA.	No me hables en tu vida,	
	necia, no me digas nada;	
	que todo será accesorio	
	si me tengo de perder.	620
JULIA.	No sé qué tengo de hacer	
	de los libros y oratorio.	
	Pues ¿qué dirá fray Lüis?	
	¿Y aquellas cosas tan altas?	
LEONARDA.	¡Oh, mujeres, cuantas faltas	625
	hasta la prueba encubrís!	
	¡Quién vio mi celo y mi pecho,	
	oh, mancebo, antes de verte!	
	Pero el rigor de la muerte	
	no es conmigo de provecho.	630
	No me tengo de casar,	
	si el mundo está de por medio.	
JULIA.	Yo, señora, sé un remedio.	
LEONARDA.	¿No te he mandado callar?	
	Si no te hubiera criado,	635
	la cara te deshiciera.	
	¡Vesme ardiendo, y como fiera	
	te burlas de mi cuidado!	

	Pues remedio he de tener	
	sin perder mi punto y fama,	640
	y he de aplacar esta llama	
	crüel.	
JULIA.	Todo puede ser.	

{Escena 9}
Sale URBÁN, *escudero mozo.*

URBÁN.	¡Oh! ¡Gracias a Dios que os hallo!	
	¿Hasta cuándo era el rezar?	
	¿Quería desos quedar	645
	para la misa del Gallo?	
	En días de jubileo[32]	
	no te querría servir.	
LEONARDA.	¿Tan presto nos hemos de ir	
	una tarde que el sol veo?	650
URBÁN.	No sueles tú decir eso,	
	que aun te ofende su arrebol.	
LEONARDA.	Ya quiero sol.	
URBÁN.	Anda al sol.	
JULIA.	(Déjala, que está sin seso.	
URBÁN.	¿De qué? ¡Válame san Blas!)	655
LEONARDA.	Mira si está el coche a punto.	
URBÁN.	Ya, señora, lo pregunto.	
LEONARDA.	Vuelve, necio. ¿Dónde vas?	
URBÁN.	Por el coche del sol[33] iba,	
	para que al sol nos andemos.	660

---

[32] Alusión al año santo celebrado en 1960.
[33] Se refiere al coche de Leonarda; aludir a la belleza femenina como *sol* es metáfora tópica en la época.

{Escena 10}
Salen CAMILO, *galán, y* FLORO, *su criado.*

CAMILO.	¡Gentil recado tenemos!
	Dile tú que no me escriba.
FLORO.	No le rasgues, por el tiempo
	que la amaste.
CAMILO.	Ya está hecho.
FLORO.	¿Qué aun eso no es de provecho?
CAMILO.	Es cosa de pasatiempo.
LEONARDA.	(Urbán, ¿ves este mancebo
URBÁN.	Muy bien.
LEONARDA.	Pues llega el oído.
URBÁN.	¿Casa y nombre? Ya.)
FLORO.	No ha sido
	ese tu desdén muy nuevo.
	Siempre con esa mujer
	esta aspereza tuviste.
LEONARDA.	Vamos, Julia.
JULIA.	Ven.
LEONARDA.	(¡Ay, triste!
	¿Si te he de volver a ver?)

665

670

{Escena 11}
Se van LEONARDA *y* JULIA.

URBÁN.	(¡Por mi fe, bueno he quedado
	a saber su casa y nombre
	deste galán gentilhombre!)
CAMILO.	No quiero amor ni cuidado.
	Estése Celia en su casa,

675

	dé favor a quien quisiere,	680
	hable, si su gusto fuere,	
	al que llega o al que pasa;	
	busque un nuevo moscatel	
	a quien con celos engañe;	
	que ya a mí no hay qué me dañe,	685
	si no es la lástima dél.	
URBÁN.	(Siempre fue bueno traer	
	tintero y escribanía.)	
	¡Ah, caballero! Querría...	
CAMILO.	Hablad, ¿qué queréis?	
URBÁN.	Saber	690
	si acaso os habéis escrito	
	en el santo jubileo	
	por cofrade.	
CAMILO.	Antes deseo	
	serlo, buen hombre, infinito.	
	¿Qué se paga?	
URBÁN.	Solo un real	695
CAMILO.	Veis aquí dos por los dos;	
	tomad.	
URBÁN.	Recíbalo Dios.	
	El nombre y casa nombrad.	
CAMILO.	Camilo, y vivo a San Juan.	
URBÁN.	¿Sois noble?	
CAMILO.	Bastantemente.	700
URBÁN.	Dígolo porque se asiente.	
	¿Su buena gracia, galán?	
FLORO.	Yo, Floro.	
URBÁN.	Basta; yo vuelvo	
	a la iglesia.	
CAMILO.	Andad con Dios.	

{Escena 12}
Se va URBÁN.

	Cofrades somos los dos.	705
FLORO.	¿Rezarás?	
CAMILO.	Hoy me resuelvo...	

¡Vive Dios que di un doblón
al hombre por dos reales!

| FLORO. | ¡Ahora con eso sales? | |

Ya no tiene redención.   710

| CAMILO. | Entra, que aún habrá reparo. | |
| FLORO. | Con eso te dijo allí | |

que eras noble.

| CAMILO. | ¡Oh, pesia[34] mí, | |

que soy cofrade muy caro!

{Escena 13}
Se van. Salen LEONARDA, JULIA *y* URBÁN[35].

| LEONARDA. | ¡Gentil industria tuviste, | 715 |

Urbán!

| URBÁN. | Soy flor de los hombres. | |
| LEONARDA. | ¡Qué bien sus casas y nombres | |

en el papel escribiste!
¿Que, al fin, Camilo se llama?
¿Eso más tiene del muerto?   720

| URBÁN. | Sin duda el ser noble es cierto, | |

aunque ignoramos su fama.

---

[34] Interjección usada para expresar desazón o
enfado (contracción de «pese a»).
[35] Se traslada la acción a casa de Leonarda,
por la tarde.

	¿Qué argumento como ver	
	que en tan fácil ocasión,	
	por un real me dio un doblón?	725
JULIA.	Liberal[36] debe de ser.	
	Cierto que fue gran nobleza.	
LEONARDA.	Di, Julia, ¿qué no tendrá	
	a quien tales gracias da	
	la franca naturaleza?	730
URBÁN.	Eso de gracia, no vi	
	jamás, por vida de Urbán,	
	hombre más bello y galán	
	desde el día en que nací.	
	¡Qué rostro, qué compostura!	735
	¡Qué barba tan aseada!	
	¡Qué mano tan regalada!	
	Parecióme nieve pura.	
	¡Qué cuerpo, qué pierna y pie!	
	¡Qué afable, qué discreción!	740
	¡Qué lindo dar de doblón!	
	Y ¡qué afición le cobré	
	cuando le vi relucir!	
LEONARDA.	Ahora bien, ya no es posible	
	sufrir el fuego insufrible	745
	de que me siento morir.	
	Amigos, grande flaqueza	
	os parecerá la mía;	
	pero mi pecho confía	
	de vuestro amor y nobleza.	750
	Desde mis padres habéis	
	servido siempre esta casa:	

---

[36] *liberal:* en esta época, significa 'generoso'.

yo sé al estremo que pasa
el amor que me tenéis.
Supuesto que no pretendo   755
casarme ni sujetarme,
hoy habéis de remediarme,
hoy mi vida os encomiendo.
En vuestra lengua y secreto
está mi opinión y fama.   760

URBÁN.   O tu temor nos difama
o es de tu amor este efecto.
¡Vive Dios, que si en un potro,
o con oro me engañasen,
palabra no me sacasen   765
por eso ni por esotro!
Fía de Julia y de mí,
y di lo que hemos de hacer.

LEONARDA.   Tú mi remedio has de ser.
Escúchame atento.

URBÁN.   Di.   770

LEONARDA.   Ya ves cómo anda alterada
con sus máscaras Valencia[37].

URBÁN.   Bien.

LEONARDA.   Pues con esta licencia,
ponte una ropa extremada,
y una máscara, y camina   775
a hablar a aquese galán,
y dile en disfraz, Urbán,
que una dama se le inclina,

---

[37] La acción se sitúa en tiempo de carnavales,
lo que propicia el juego del disfraz y la ocul-
tación.

	y que le ama tiernamente,	
	y que la podrá gozar	780
	como hoy te quiera esperar	
	del Real dentro en la puente[38].	
	Y si te dice que sí	
	esta noche irás por él.	
URBÁN.	Luego ¿bien ha de ver él	785
	adónde vives y a mí?	
LEONARDA.	No, que con máscaras irás,	
	y para que nada note,	
	le pondrás un capirote[39],	
	con que a casa le traerás.	790
	Entrará a oscuras, y cuando	
	se haya de ir, vuelto a poner,	
	¿a quién podrá conocer?	
URBÁN.	¡Brava industria vas trazando!	
	¡Qué bueno vendrá el halcón!	795
	Pero yo, ¿en qué me detengo?	
	Parto.	
LEONARDA.	No tardes.	
URBÁN.	Ya vengo.	
JULIA.	¿Quién te dijo esta invención?	
LEONARDA.	Amor, que tiene a los pies	
	a cuantos han estudiado.	800
JULIA.	Paréceme que han llamado.	

---

[38] El puente del Real, todavía conocido así en Valencia.

[39] *capirote:* gorro alto en forma de cucurucho, forrado de tela y que oculta la cara. También alude a la caperuza de cuero que se pone a los halcones para tranquilizarlos hasta que se les echa a volar.

LEONARDA.   Anda, ve, mira quién es.

{Escena 14}
Se va JULIA.

¿Qué habrá que una mujer determinada
no intente por su gusto? ¿Qué tormento
la mudará del firme pensamiento,   805
qué fuego, qué cordel, qué aguda espada?
¿Qué gigante con furia más airada
intentará subir al firmamento,
o qué Alcides con más atrevimiento
al centro bajará con alma osada?   810
Efectos son de un niño poderoso
haber mi hielo con su amor vencido,
y aquella fe de mi primero esposo.
Yo he sido como río detenido,
que va, suelta la presa, más furioso;   815
y es lo más cierto que mujer he sido.

{Escena 15}
Sale JULIA.

JULIA.   No sé qué gente está aquí,
               que libros y estampas vende.
LEONARDA.   Si es máscara, ¿qué pretende?
JULIA.   Yo sin máscara le vi.   820
LEONARDA.   Pues para que no parezca
               que mi devoción se muere,
               entre y veamos qué quiere,
               o si hay qué comprar se ofrezca.

{Escena 16}

Sale OTÓN, *vestido de extranjero, con cuatro libros en una cesta.*

OTÓN.	Dios guarde a vuestra merced	825
	y le dé un gentil marido.	
LEONARDA.	En que no lo haya querido	
	me ha hecho mucha merced.	
OTÓN.	¿Por qué, teniendo ese talle?	
LEONARDA.	Mostrad: ¿qué libros vendéis?	830
OTÓN.	Uno traigo, que podéis	
	por poco precio compralle.	
	Mas es una historia mía,	
	y sois vos muy recatada.	
LEONARDA.	(¡Qué cifra tan estremada!	835
	Julia, ¿no te lo decía?)	
	¿Quién es éste?	
OTÓN.	Es *El Pastor*	
	de Fílida.	
LEONARDA.	Ya lo sé.	
OTÓN.	Y Gálvez Montalvo fue	
	con grave ingenio, su autor.	840
	Con hábito de San Juan	
	murió en la mar, y yo muero	
	en mar más profundo y fiero.	
LEONARDA.	¿Sois librero, o sois galán?	
OTÓN.	No se lo sabré decir.	845
	Aquéste es la *Galatea,*	
	que si buen libro desea	
	no tiene más que pedir.	
	Fue su autor Miguel Cervantes,	
	que allá en la Naval perdió	850
	una mano, y pierdo yo...	

LEONARDA.	(Calla, Julia, no te espantes)
	¿Qué perdéis?
OTÓN.	El alma y vida,
	y por otra Galatea
	más crüel que fue Medea[40], 855
	y menos agradecida.
LEONARDA.	¿Quién es éste?
OTÓN.	Es Espinel.
LEONARDA.	¿Qué trata?
OTÓN.	Solas canciones;
	mas tiene lindas razones
	y hay graves versos en él. 860
	Quiso bien hasta morir;
	mas no del mal que yo muero.
LEONARDA.	¿Sois galán, o sois librero?
OTÓN.	No se lo sabré decir.
	El *Cancionero* está aquí; 865
	mas lleno de disparates.
LEONARDA.	De mal impreso no trates.
OTÓN.	Mejor impreso está en mí...
LEONARDA.	¿El qué?
OTÓN.	Un eterno servir,
	un amar, un padecer. 870
LEONARDA.	¿Es requebrar, o vender?
OTÓN.	No se lo sabré decir.

---

[40] *Medea:* personaje de la mitología griega que fue capaz de cometer las mayores crueldades por su amor a Jasón, es el arquetipo de mujer autónoma, invadida por grandes pasiones.

{Escena 17}

Sale VALERIO, *en hábito de mercader, con estampas*[41].

JULIA.	El estampero se ha entrado.
VALERIO.	¡A la rica estampa fina!
LEONARDA.	(Mal mi sospecha adivina, 875
	o este trato es concertado:
	que el uno y otro galán,
	que este engaño concertaron,
	las máscaras se quitaron
	en allegando al zaguán. 880
	Julia, ¿es esto conveniente
	a mi encerramiento?
JULIA.	Creo
	que te engañan.
LEONARDA.	Bien lo veo.
	¡En mi casa tanta gente!)
VALERIO.	(¿Acá está primero Otón?) 885
OTÓN.	(¿Qué Valerio vino acá?)
LEONARDA.	¿Qué vendéis?
VALERIO.	Vos lo veis ya;
	vendo el mismo corazón.
LEONARDA.	Mostrá, ¿qué es este papel?
VALERIO.	El *Adonis* del Tiziano[42] 890

---

[41] En esta época donde pocos podían ver el original de una obra pictórica, las estampas o grabados permitían su conocimiento y divulgación.

[42] Parece referirse al cuadro de Tiziano *Adonis y Venus* (Museo del Prado). Este pintor italiano, el predilecto de Carlos V, gozaba de buena posición económica («fue tan regalado»), gracias a sus mecenas, algo a lo que siempre aspiró Lope y nunca consiguió.

que tuvo divina mano
y peregrino pincel.
¿Oh, quién éste hubiera sido
cuando fue tan regalado!
Pues muero desesperado,   895
y él murió favorecido.
Esta, por vida de Aurelio,
que es de las ricas y finas,
que es de Rafael de Urbinas
y cortada de Cornelio.   900
Esta es de Martín de Vos,
y aquesta de Federico.

LEONARDA.   Mal a estas cosas me aplico.
              ¿No traéis cosas de Dios?

VALERIO.   Sí traigo. Aquí hay una estampa   905
              del matrimonio escogida.

LEONARDA.   Ese no espero en mi vida.

VALERIO.   Mal su estampa se os estampa.
              Pues no sé yo por qué sea;
              que hay mil que esperan un sí,   910
              y por ventura está aquí
              un hidalgo que os desea.
              Soy Valerio, aunque me veis
              que esta máscara he tomado.

OTÓN.   Pues ya va tan declarado,   915
              a Otón delante tenéis;
              soy rico y soy caballero,
              y pierdo el seso por vos.

LEONARDA.   ¿No hay aquí quien a los dos
              les pague en mejor dinero?   920
              ¡Hola!

{Escena 18}
Salen dos CRIADOS.

CRIADO 1.	Señora...	
LEONARDA.	Al librero	
	y al que los papeles vende...	
OTÓN.	Pues, señora, ¿qué te ofende	
	pedirte nuestro dinero?	
LEONARDA.	Ea, ¿qué aguardáis criados?	925
VALERIO.	Paso; no os alborotéis.	
LEONARDA.	¿Libertades me vendéis?	
	¡Libros, por mi fe, estremados!	
	¡Hola, cargaldos de palos!	
VALERIO.	No harán tal, que irnos sabremos.	930
OTÓN.	Ni esta afrenta sufriremos.	
Criado 2.	¡No están los gabachos malos!	
Criado 1.	Con pastillas y perfumes	
	aguarda otro para entrar.	
Criado 2.	Ea, empiecen a bajar	935
VALERIO.	¡Que en tal crueldad te resumes!	
LEONARDA.	Cerrad la puerta, y quien llama	
	traerá menos libertad.	
VALERIO.	(Julia, ¿no hay amistad?)	
JULIA.	Calla, no lo oiga mi ama.)	940

{Escena 19}
Se van. Salen CAMILO *y* URBÁN, *vestido de máscara.*

CAMILO.	Máscara, juro por Dios
	que grande empresa acometo,
	y sin saber quién sois vos.
URBÁN.	Camilo, aqueste secreto

	ha de ser entre los dos.	945
CAMILO.	Pues me da el alma esa dama,	
	¿no me fiará su fama?	
	¿No pudiera yo servilla,	
	y hablalla, vella y oílla,	
	y saber cómo se llama?	950
URBÁN.	No habemos de hablar en eso;	
	que en queriendo saber algo	
	queda perdido el suceso.	
CAMILO.	Juro por la fe de hidalgo	
	que me hacéis perder el seso.	955
	Si yo tuviera enemigos,	
	los cielos me son testigos	
	que era engaño claro y visto;	
	mas no hay hombre tan bienquisto[43]	
	ni que tenga más amigos.	960
	Fuera deso, estoy contento	
	que digáis que hasta el retrete	
	entre armado a mi contento,	
	y que lleve un pistolete.	
URBÁN.	Llevad uno, llevad ciento.	965
	Si no os falta habilidad,	
	valor, gusto y voluntad,	
	que el interés lo atropella,	
	gozáis la cosa más bella	
	que tiene aquesta ciudad.	970
CAMILO.	¿Qué importa que bella sea,	
	si a oscuras he de gozalla?	
	Antes presumo que es fea.	
URBÁN.	En hablalla y en tocalla	

---

43 *bienquisto:* estimado, querido por todos.

	habrá luz con que se vea.	975
	Si os pesare y os cansare,	
	no volváis.	
CAMILO.	No hay qué repare	
	más que en el ir tan cubierto.	
URBÁN.	Esa es la ley del concierto.	
	Mirad si hay más que os declare.	980
CAMILO.	¿Que cubierto tengo de ir?	
URBÁN.	Y desa suerte, Camilo,	
	habéis de entrar y salir.	
CAMILO.	¡Brava industria, bravo estilo!	
URBÁN.	Todo lo habéis de sufrir.	985
CAMILO.	Y ¿adónde os he de aguardar?	
URBÁN.	A las diez podéis estar	
	del Real puesto en la puente;	
	y guardaos de llevar gente,	
	porque no os tengo de hablar.	990
CAMILO.	(¿Por ver a Italia no pasa,	
	o las naciones francesas,	
	quien deja su patria y casa?	
	Por las indias portuguesas,	
	mil largos mares traspasa.	995
	¿No deja el otro su tierra	
	por ver la extranjera guerra?	
	¿Por una fiesta, no hay mil	
	que están entre gente vil,	
	donde el calor los entierra?	1000
	¿No está alguno al sol y al hielo,	
	esperando a ver salir	
	el tímido conejuelo,	
	y el pescador por asir	
	el pez simple en el anzuelo?	1005

	Pues yo, mozo y orgulloso,	
	¿qué me escuso temeroso	
	de ver este encantamiento?)	
	Camina, que soy contento.	
URBÁN.	Si vais, vos seréis dichoso.	1010
CAMILO.	A la hora concertada,	
	en la puente me hallaréis.	
URBÁN.	¡Qué noche tan regalada	
	con aquel ángel tendréis!	
CAMILO.	A lo menos, encantada.	1015
URBÁN.	Ella estará prevenida.	
	A Dios.	
CAMILO.	Ya vuestra partida	
	aguardo.	
URBÁN.	Será muy presto.	
CAMILO.	Yo he de saber lo que es esto,	
	aunque me cueste la vida.	1020

ACTO SEGUNDO

{Escena 1}[1]
Sale CAMILO.

CAMILO.   ¡Buen ánimo, pensamiento,
de temeridad vestido!
Al puesto habemos venido
donde vuestro atrevimiento
me lleva a vencer vencido.   1025
Entre el temor y el deseo,
con quien batallo y peleo,
tantas veces quedo y voy,
que con estar donde estoy,
otras tantas no lo creo.   1030
¿Qué sé yo si algún contrario,
de envidia de verme noble,
me forja este trato doble[2],
donde sea necesario
el sufrir espada o roble?   1035
¡Bravamente el cuello humillo,
como simple corderillo,
que ser vendido no ve,

---

[1] La acción se traslada al Puente del Real, por
la noche.
[2] *trato doble:* engaño

que va él propio por su pie
al carnicero cuchillo!   1040
Mas yo jamás he entendido
que haya hecho a hombre ofensa.
Mal mi entendimiento piensa;
que el que a ninguno ha ofendido
bien camina sin defensa.   1045
Y más que aquel que me ha dado
las nuevas deste cuidado
me ha dicho que armarme puedo,
pero fue por darme miedo,
que anda siempre el miedo armado.   1050
Pero aunque vaya cual voy,
¿de qué peligro me escapa,
si al fin los ojos me tapa?
Que pues sin ojos estoy,
bien puede echarme la capa.   1055
¿Quién oyó jamás tal cosa,
que una mujer tan hermosa,
que tanto a un hombre desea,
no permita que la vea?
¡Qué fama tan vergonzosa!   1060
Y ¿qué sé yo si pensando
que abrazo a algún ángel bello,
a un demonio enlazo el cuello
que a oscuras anda volando
porque es indigno de vello?   1065
¿O que fuese alguna vieja,
ya sin pestaña ni ceja,
con unos dientes postizos,
que me hiciese con hechizos
andar como simple oveja?   1070

¿O fuese alguna cuitada
herida de mal francés[3],
que me hiciese andar después,
por un hora de posada,
muerto dos años o tres?   1075
Mas gente viene a la puente.

{Escena 2}
Sale URBÁN, con *máscara y un capirote de bayeta en la mano.*

URBÁN.	Solo está un hombre. ¿Qué gente?
CAMILO.	¿Es acaso aquel amigo?
URBÁN.	Quien te sirve está contigo.
CAMILO.	(¡Que esto un hombre cuerdo intente!) 1080
URBÁN.	¿Hay alguien que vernos pueda?
CAMILO.	Las estrellas y la luna.
URBÁN.	Mas que no dé luz ninguna.
	¡Oh, cuál aquel ángel queda!
	Dichosa fue tu fortuna. 1085
CAMILO.	No niego que es muy dichosa;
	mas sea fea o hermosa,
	para aborrecer y amar,
	si a oscuras la he de gozar,
	¿no es todo una misma cosa? 1090
URBÁN.	¿Una misma? ¿De qué suerte?
	Un cuerpo grueso y perfeto,
	¿no hay más gusto que despierte,

---

[3] *mal francés:* sífilis, enfermedad de trasmisión sexual (por sus connotaciones vergonzosas, los españoles atribuían su origen a los franceses mientras que en otros países se la conocía como *mal español.*)

	que tocar un esqueleto	
	como pintan a la muerte?	1095
	Lo hermoso es como el olor,	
	que aquel natural valor	
	se conoce, mira y huele,	
	por la suavidad que espele.	
CAMILO.	¿Soy herbolario o doctor?	1100
	¿Qué me importan a mí olores?	
	Los ojos hacen gozar;	
	que aquel ver causa el hallar	
	suavidad en los amores,	
	y el conocer y el tratar.	1105
	Que por lo contrario, el ciego,	
	como yo a esa dama llego,	
	es en el deleite igual	
	a cualquier bruto animal.	
URBÁN.	Ese argumento te niego;	1110
	que ese en la imaginación	
	fabrica un rostro no más;	
	mas si tú despierto estás,	
	mirando con atención,	
	mucho del vivo verás.	1115
	Hay ojos que en tales puntos	
	hacen fuego, y cuatro juntos,	
	¿qué cielo y tierra no ven?	
CAMILO.	Algunos habrá que estén	
	en ese tiempo difuntos.	1120
	Ella, ¿es moza?	
URBÁN.	No has de vella.	
CAMILO.	¿Casada, o doncella en duda?	
	¿Es viuda?	
URBÁN.	Es tal, que se muda	

en casada y en doncella,
y otras veces en vïuda.   1125
Ni es vïuda, ni casada,
ni doncella, ni violada
de alguno que la desdeña.

CAMILO.   Desa suerte, será dueña
entre algodones guardada.   1130
¡Válate Dios por señora,
si te acabo de entender!
(Engaño debe de haber.
¿Cosa que fuese este agora
algún hombre y no mujer?   1135
Pero ¿tan lindo era yo?
¡Oh, qué tentación me dio
de quitarle el rostro a este,
aunque la dama me cueste
que tan poco me costó!   1140
Mas gran deseo me inflama,
y este brío que hay en mí.)
Amigo, vamos de aquí
a ver esa oscura dama
de aquellas que nunca vi.   1145

URBÁN.   Poneos el capirote.

CAMILO.   ¿Quién habrá que no me note
de loco?

URBÁN.   Jamás lo fuiste.

CAMILO.   ¡Aun de bayeta le hiciste!
¿No fuera de chamelote⁴?   1150

---

⁴ *bayeta... chamelote:* la *bayeta* era una tela
fuerte y burda, generalmente de lana; el *cha-*
melote era más suave y menos tupido.

Le pone el capirote a CAMILO.

¿Hay mucho que andar?

URBÁN.	Gran rato.
CAMILO.	Ahora llevadme al río
	y remojaréisme el brío.
URBÁN.	Todo es verdad cuanto os trato.
	No os enojéis, señor mío.

1155

{Escena 3}

Sale OTÓN, *y ase* CAMILO *de la pretina*⁵ *a* URBÁN.

OTÓN.   Noche de estrellas vestida,
que mis pasos y mi vida
guías a la sepultura,
vuélvete negra y obscura
porque algún favor te pida.   1160
Porque aunque al campo he salido,
donde debiera el sosiego
templar este ardor tan ciego,
algo más anda encendido
con el desdén de hoy mi fuego.   1165

URBÁN.   (Un hombre hemos encontrado;
asidme de la pretina.)

OTÓN.   ¡Hola! ¿Quién va? ¿Quién camina?

CAMILO.   (Yo vengo muy bien armado,
sin ojos, como gallina.)   1170

OTÓN.   ¿No respondéis?

CAMILO.   (Yo voy bueno.
¡Oh, si descargase el trueno!)

URBÁN.   Máscara soy.

---

⁵ Cinturón.

Otón.	¡Gentil loco!
Urbán.	Habemos bebido un poco,
	y andámonos al sereno. 1175
	Echad, señor, por aquí.
Camilo.	¡Oh, san Blas, sed en mi ayuda!

Se van Urbán *y* Camilo.
{Escena 4}

Otón.	¡Bravamente el vino muda!
	Y amor es lo mismo en mí
	por aquesta ingrata viuda. 1180
	¿Posible es que pueda aquesta
	ser tan casta y tan honesta,
	y tan Artemisa en fe,
	y que a tanto hidalgo dé
	un mismo «no» por respuesta? 1185
	No es posible; aquí hay maldad.
	Yo sospecho que es fingida
	la santidad de su vida;
	que suele la santidad
	ser flaca y descolorida. 1190
	Vïuda tan regalada
	y que come descansada
	tres o cuatro mil de renta,
	¡tan moza vive contenta,
	a la media noche helada! 1195
	Que se encierre en lo postrero,
	que tenga buena opinión
	de que trata de oración,
	¿qué importa, si al despensero
	compra el pavo y el capón? 1200

Ahora, yo no he de dormir
cien noches, y he de acudir
todas a su calle y puerta,
y si alguno la despierta,
¡vive Dios, que ha de morir!   1205
Ya el sufrir la escarcha helada,
aunque aquí poco se usa,
o el sueño, no se me escusa.
Piedra soy de su portada,
como si fuera Medusa.   1210

{Escena 5}
Se va y sale LEONARDA, *en traje galán, y* JULIA.

LEONARDA.   Las telas y terciopelos
            no sé si están bien colgados.
JULIA.   Están, señora, estremados;
            vuelve, por tu vida, y velos.
LEONARDA.   En esta sala, ¿está bien   1215
            aquesa tapicería?
JULIA.   Tenerla el virrey podría,
            y aun el mismo rey también.
LEONARDA.   ¡Qué a propósito es la historia!
            Que es de Jacob el amor.   1220
JULIA.   Diversa dirás mejor
            del fin de tu presta gloria;
            que esperó catorce años
            lo que tú en una hora tienes.
LEONARDA.   ¡Plega a Dios que tantos bienes   1225
            no paren en tantos daños!
            Urbán tarda. ¿Qué haremos?
JULIA.   Un poco puedes jugar.

LEONARDA.	No le debió de agradar.	
	¡Ay, triste!	
JULIA.	No hagas estremos;	1230
	que no es eso de creer	
	de un mozo tan belicoso.	
LEONARDA.	¡Ay, mira que en ser hermoso	
	algo tendrá de mujer!	
	Cuanto más que ¿qué Roldán[6]	1235
	sufriera cubrirse así,	
	y a oscuras venir aquí?	
JULIA.	¡Un mozo hidalgo y galán,	
	un mancebo varonil,	
	no como otros mujeriles,	1240
	con quien fuera el mismo Aquiles	
	ahora cobarde y vil!	
	Leandro, ¿no pasó el mar	
	dos mil veces animoso?	
LEONARDA.	¿No ves que eso es fabuloso?	1245
	¡Y después de ver y hablar!	
	Y en la torre, contra el viento,	
	luz solía encender	
	y aquí no la ha de tener	
	dentro del mismo aposento.	1250
	Si dijeras el romano[7]	
	que en un hueco se arrojó,	

---

[6] El nombre propio se utiliza como sinónimo de joven valeroso (Roldán, sobrino de Carlomagno, cuya leyenda se recoge en la *Canción de Roldán*).

[7] Leonarda hace alusión a tres figuras históricas, famosas por su valor y reales, en contraposición a las literarias citadas antes.

	o el que el puente acometió,	
	o el que se quemó la mano,	
	aun aquesto verdad fue.	1255

JULIA.   Dame albricias.

LEONARDA.   No lo creo.

JULIA.   ¡Ea!

LEONARDA.   Toma aquel manteo,
Julia, que ayer me quité.

JULIA.   ¿Es aquel de oro y morado?

LEONARDA.   Dame la máscara presto,   1260
y toma la tuya.

{Escena 6}
Sale URBÁN *y* CAMILO.

URBÁN.   Al puesto,
Camilo, habemos llegado.

CAMILO.   Pues escalera subí,
ya estaré en el aposento.

LEONARDA.   Dadle una silla al momento.   1265

URBÁN.   Asiéntate.

CAMILO.   ¿Adónde?

URBÁN.   Aquí.

CAMILO.   ¿Quién es aquella que habló?

URBÁN.   Mi señora.

LEONARDA.   Y vuestra esclava.

CAMILO.   ¿Es la que de hablar acaba?
¡oh, pesia a quien me parió!   1270
El capirote me quito.

Se lo quita.

      ¡Par Dios, a oscuras estoy!

LEONARDA.   Por eso licencia os doy,

	y se os perdona el delito.	
	Dadme silla junto a él.	1275
CAMILO.	¿Hay más lindo encantamento?	
LEONARDA.	¡Ay, señor, con vos me asiento!	
CAMILO.	¡Por Dios, que es hecho crüel!	

Ya me enciende el corazón
amor sin luz, pues no veo;   1280
que ha tocado en el deseo
como a piedra el eslabón[8].
Como el hombre que está a oscuras,
y para encenderla toca,
fue en mi alma vuestra boca,   1285
que ha dado centellas puras.
Yesca ha sido el corazón,
que era materia dispuesta,
y el golpe fue la respuesta,
y la lengua el eslabón.   1290
Tengo una luz encendida
en el alma, que os ve y trata,
si el aire no me la mata
de veros escurecida.
No os vea yo como ciego   1295
dentro en la imaginación,
porque parece invención
haber tinieblas y fuego.
Si no es mi fianza buena,
no se comience la historia;   1300
y pues es limbo sin gloria,
no sea limbo con pena.

---

[8] *eslabón:* hierro acerado del que saltan chispas al chocar con un pedernal.

Sed vos, para que yo os vea,
como pintor estremado,
que aunque la noche ha pintado,   1305
deja luz con que se vea.
Yo soy un hidalgo noble,
que si cara a cara os trato,
fío de mi honrado trato
que os parezca bien al doble.   1310
Esto he de alcanzar de vos.
¡Ea, dadme aquesa mano!

LEONARDA.   ¿Mi mano? Tomad.

CAMILO.   Ya es llano
que lo concedéis, ¡por Dios!

JULIA.   (A fe, que no es necio el hombre.   1315

URBÁN.   Bien habla.

JULIA.   Por lindo estilo.)

LEONARDA.   Pues, por vida de Camilo...

CAMILO.   Ese es, señora, mi nombre.

LEONARDA.   ...que no pienso que he hecho poco
en daros luego mi mano.   1320

CAMILO.   Digo que es bien soberano,
digo que me vuelvo loco.

LEONARDA.   Decid, ¿y paréceos bien?
No me la apretéis. ¡Jesú!

CAMILO.   Que la mano es de Esaú,   1325
y la voz no sé de quién.

LEONARDA.   Traigan luz por eso solo.

Va JULIA.

URBÁN.   Ya se descubre el farol.

CAMILO.	Luz pido donde está el sol;
	pero está eclipsado Apolo[9]. 1330

Sale JULIA.

JULIA.	La hacha[10] está aquí.
CAMILO.	¿Qué es esto?
	¿Todos con máscara están?
LEONARDA.	Tened las manos, galán;
	que aquí no ha de haber más que esto.
	En llegando a querer verme, 1335
	os harán dos mil pedazos.
CAMILO.	En tal sagrado de brazos
	no podrán acometerme[11].
	No por su miedo —¡por Dios!
	que, pues vine, no le tuve—, 1340
	mano y deseos detuve,
	mas por mandármelo vos.
	¡Qué bello cuerpo tenéis!
	¡Qué traje y rico vestido!
	Con razón no he merecido 1345
	que en mi bajeza fieis.

[9] *está eclipsado Apolo:* juego de palabras, a Leonarda, como a Apolo, se la identifica como el sol, pero Camilo no puede verla pues está eclipsado.

[10] *Hacha:* vela de cera, grande y gruesa, compuesta de cuatro pabilos. Su luz va a permitir a Camilo ver que todos están con máscaras y el lujo de vestidos y telas.

[11] Camilo se siente a salvo en los brazos de Leonarda, como los perseguidos que se refugiaban en las iglesias *acogiéndose a sagrado.*

> ¡Bravas telas y brocados!
> ¡Bravos cuadros y pinturas!
> Pero todo queda a escuras
> con tales ojos cerrados.   1350
> ¿Que no hay aquí quien me abone?
> Quien me ama, ¿no me fía?

LEONARDA. El alma se le confía,
> y vuesa merced perdone;
> que cuando de su lealtad   1355
> más experiencia se tenga,
> haremos que a casa venga
> con más luz y claridad.
> Siéntese, y no se alborote.

CAMILO. Si la caza no he de ver,   1360
> tornadme, amigo, a poner
> pigüelas[12] y capirote.
> Más valdrá, para estar quedo,
> no tener ojos ni oídos,
> porque se van los sentidos   1365
> tras aquello que ver puedo.
> En descubriendo el halcón
> para que la caza vea,
> ya está cierta la pelea,
> y es suyo aquel corazón.   1370
> Pero aquí, después de vella
> con alguna claridad,
> le quitan la libertad
> de poder volar tras ella.

---

[12] *pihuela:* correa de sujeción que se coloca en las patas de halcones y otras aves de cetrería.

Y aun hay otra condición   1375
en esta casa encubierta,
que va la perdiz cubierta
y descubierto el halcón.
¡Aquí de Dios, mi señora!
¿Vos habéis de permitir   1380
que quien os merece oír
no os merezca ver ahora?

LEONARDA.   Ahora bien, tráiganle aquí
un poco de colación[13]
con que amanse el corazón.   1385

{Escena 7}
Va JULIA *por colación.*

CAMILO.   ¿Qué colación, pesia a mí?
¿Cómo tengo de comella,
si ese mismo se me abrasa[14]?
¡Ay! ¡Doyme a Dios con la casa!
¿Que aun no hay una cara en ella?   1390
¿Qué fianzas me habéis dado
para comer satisfecho
que no es veneno?

LEONARDA.   Este pecho
que me habéis enamorado.

CAMILO.   Ligero argumento hacéis.   1395

---

[13] *colación:* conjunto de dulces, frutas y otros
alimentos con que se agasaja a los invitados.

[14] *ese mismo se me abrasa:* se refiere al cora-
zón, Camilo se lamenta de su imposibilidad
de tomar nada con su corazón encendido de
pasión.

Id a una tienda embozada,
y veréis si os fían nada
por más que el pecho mostréis.
Yo soy aquí mercader,
vos quien rebozada llega;   1400
luego bien la vida os niega
el que no os merece ver.

LEONARDA.   Camilo, no os aflijáis
de verme esconder así;
que hay partes, señor, en mí   1405
que vos ahora ignoráis.
Yo os vi, y el alma os rendí
de suerte, en cierto lugar,
que no me escusé de dar
fin a mi cuidado así.   1410
Este remedio busqué
para que entréis donde estáis,
y para que no digáis
con quién ni en qué parte fue.
Si pensáis que aquesto ha sido   1415
no tener crédito en vos,
bien quedará entre los dos
averiguado y reñido.
Joyas os daré en valor
de dos mil ducados.

CAMILO.   ¿Buenas?   1420

LEONARDA.   ¡Hola! Dame esas cadenas
y ese brinco, dios de amor.
Dame…

CAMILO.   Paso; no pidáis
eso, que me dais enojos.
Más quisiera vuestros ojos   1425

	que cuantas joyas me dais.	
	Diéradesme esos zafiros,	
	y los rubíes y perlas	
	desa boca; que por verlas	
	pudiera con más serviros.	1430
	También hay oro en mi casa;	
	Gracias a Dios, no soy pobre.	
LEONARDA.	Deseo que más os sobre	
	que de Oriente a España pasa.	
	Pero por señal de amor,	1435
	esta sortija tomad,	
	que en vos tendrá calidad.	
CAMILO.	Y esta en vos tendrá valor.	
	Servíos de que en mi nombre	
	la traiga esa blanca mano.	1440

{Escena 8}
Sale JULIA *con la colación.*

JULIA.	La colación viene.	
CAMILO.	En vano	
	viene; a fe de gentilhombre,	
	que no tengo de comer.	
LEONARDA.	A lo menos el probar	
	no lo podéis escusar;	1445
	que soy honrada mujer.	
CAMILO.	¿Es lo del veneno?	
LEONARDA.	Sí.	
	¡Por mi vida, que probéis!	
CAMILO.	Si ese juramento hacéis,	
	haya mil muertes aquí.	1450
	Quiero tomar el veneno	

	que Alejandro[15] del doctor;	
	que donde la fe es mayor,	
	no le hace el daño ajeno.	
URBÁN.	(¡Oh, lo que sabe de historia!	1455
JULIA.	En verdad que es muy leído.	
URBÁN.	No lo toméis tan pulido,	
	que en verdad que es zanahoria[16]).	
	Entro y la bebida saco.	

Se va.

{Escena 9}

CAMILO.	(Donaire tiene, por cierto);	1460
	pero hagamos un concierto.	
LEONARDA.	(Es discreto y es bellaco).	
CAMILO.	Si esto pasa entre los tres,	
	que sois vos y estos criados,	
	para hablar o ser llamados	1465
	sin nombre, trabajo es.	
	Quiérooslos poner fingidos,	
	que yo así me entenderé.	

---

[15] Alejandro Magno dio muestras de su confianza total en Filipo, su médico y amigo, del que le habían dicho que intentaría matarlo, al tomarse un brebaje que este le había preparado.

[16] *que en verdad que es zanahoria:* el aspecto y maneras de Camilo, que parecen esmeradas, son fingidas, un cebo, como la zanahoria que se ofrece a un asno para que camine.

{Escena 10}
Sale URBÁN *con la bebida.*

URBÁN.	Bebed.
CAMILO.	Luego beberé.
URBÁN.	Bebed.
JULIA.	(Están divertidos. 1470
URBÁN.	Estos mozos confitados,
	todo almíbar y jalea,
	que no hay ninfa que tal sea,
	de boca y dedos mirlados[17],
	me hacen perder el seso). 1475
	Bebed.
CAMILO.	Mostrad; beberé.
URBÁN.	(¡Qué poco y qué a tiento fue!)
	Diga, ¿y haréle mal eso?
CAMILO.	Tras tanta plata, ¿qué espero?
	No me muestren más, señora. 1480
URBÁN.	(Haga melindres ahora,
	haráse después un cuero[18].
	Pues esta va por mi ama,
	y esta, Camilo, por vos;
	esta, Julia, por los dos; 1485
	que bien bebe quien bien ama.

---

[17] *mirlados:* afectados; Urbán se mofa de los galanes dulzones y afectados.

[18] *haráse un cuero:* acabará borracho (el cuero servía para transportar vino). Urbán, que muestra su gusto por el vino brindando varias veces, cuestiona los melindres de Camilo respecto a él.

JULIA.	Escucha, o vete de ahí;
	que nombres nos quiere dar
	para podernos llamar.
URBÁN.	Escucho. Esta va por mí.)

1490

LEONARDA.	¿Cómo me pensáis llamar?
CAMILO.	A vos os llamo Dïana,
	y está la razón muy llana.
LEONARDA.	Esa podéis declarar.
CAMILO.	¿No es la luna y alumbra?
LEONARDA.	Sí.

1495

CAMILO.	¿No se oscurece y desdora?
URBÁN.	(¡Oh, qué bien!
JULIA.	Escucha ahora.
URBÁN.	Escucho. Esta va por mí).
CAMILO.	Vos tendréis Iris por nombre,
	que es de Diana mensajera,

1500

	y vos, Mercurio.
LEONARDA.	¿Pudiera
	darse a todos mejor nombre?
URBÁN.	(En fin, ¿que Mercurio a mí?
	¿Baco no fuera mejor?
JULIA.	Escucha un poco, hablador.

1505

URBÁN.	Escucho. Esta va por mí.)
LEONARDA.	Ya es tarde, y es bien que os vais;
	que hablando no se ha sentido
	tiempo y noche que han corrido.
CAMILO.	¿Que, al fin, cubierta os quedáis?

1510

LEONARDA.	Noches quedan, mi Camilo;
	esto por ahora baste.
	Llévale donde le hallaste,
	¡hola!, por el mismo estilo.
URBÁN.	Encajaos el capirote.

1515

CAMILO.	¿No os he de abrazar primero?
LEONARDA.	Sí, por cierto.
CAMILO.	¡Ah, bien ligero!
	Paso.
URBÁN.	Alto sois de cogote.
LEONARDA.	Pues, necio, ¡así le lastimas!
URBÁN.	Nunca vos haréis buen son.

CAMILO.   ¿No os he de abrazar primero?
LEONARDA.   Sí, por cierto.
CAMILO.   ¡Ah, bien ligero!
    Paso.
URBÁN.   Alto sois de cogote.
LEONARDA.   Pues, necio, ¡así le lastimas!
URBÁN.   Nunca vos haréis buen son.   1520
    ¡Bendiga Dios buen bordón,
    que dura por treinta primas[19]!
    Asid la pretina bien.
CAMILO.   Adiós, señora Dïana.
LEONARDA.   ¡Ay! ¡Cuánto tarda mañana!   1525
    Descúbrome.
JULIA.   Yo también.
    Entra a recogerte luego.

Se van.

CAMILO.   ¡Bueno voy! ¡Ah, ciego amor!
URBÁN.   ¿Y voy, acaso, mejor?
    ¿Quién manda rezar al ciego[20]?   1530

{Escena 11}
Se van y sale VALERIO, *de noche.*

VALERIO.   Sospecha, que al más cuerdo enloqueciste,
    y en el más escogido entendimiento

---

[19] *bordón… prima:* cuerdas de los instrumentos musicales, el bordón es la más gruesa, sonido de bajo y la prima, la primera y más delgada, que produce un sonido muy agudo.

[20] Camilo y Urbán salen como ciegos, uno de amor y otro de vino. Urbán se queja burlescamente de su función de lazarillo.

representaste más quimeras varias
que la imaginación profunda suele
del pintor que diseña alguna máquina   1535
o el poeta que traza algún discurso,
¿dónde lleváis mi loca fantasía
a desvelarse cuando todos duermen?
Ya el estrellado carro[21] con su guía
parece que se humilla a su descanso,   1540
y declinando van las seis hermanas,
con la que entre ellas vergonzosa vive;
y yo, solicitado de vosotras,
no como estrella estoy en luz ardiendo,
mas como fuego del eterno abismo,   1545
por donde dicen que encendido sale,
cuyas bocas jamás de darle cesan.
Háseme puesto, y no será por dicha,
en la imaginación que esta Leonarda,
entre aquestas imágenes y libros,   1550
alguna tiene aparte a quien adora.
Noche, si está allá dentro algún dichoso,
hazle salir, con dar lugar al alba.
Más ¿cómo podré yo saberlo solo,
siendo esta casa como un tiempo Tebas,   1555
que se ilustraba de cien puertas grandes[22]?

---

[21] Se refiere a la constelación de la Osa Mayor, conocida comúnmente como el carro (o el cazo) por su forma. Está formada por siete estrellas principales, las Pléyades.

[22] A la ciudad egipcia de Tebas —la actual Luxor— se la conocía como *la ciudad de las mil puertas;* así la llamó ya Homero en la *Ilíada.*

Gente viene; tomemos esta esquina
de la portada, a ver dónde camina.

{Escena 12}
Sale OTÓN, *de noche;* VALERIO *se arrima a una parte.*

OTÓN.   Cierta cuestión de amigos y parientes
me ha detenido; perdonadme, calle,   1560
y vos también, ventana venturosa,
si he tardado en venir a saludaros.
¡Ah, mi ventana! ¡Quién de vos supiera
si ha salido por vos algún suspiro!
Que entrado, yo aseguro que son tantos,   1565
que no son más de abril las varias flores
ni las perlas que el alba entonces vierte.
¡Cuántos Ifis[23] colgados de esas rejas,
que no merecen, de un cabello solo,
piden al cielo que convierta en mármol   1570
aquella que de mármol tiene el pecho!
También vos, puerta… Mas ¿qué es esto?
                       [¡Ay, triste!
¿Qué sombra es esta o qué nueva coluna?
No en balde el corazón me lo decía,
y esta noche el venir solicitaba.   1575
¿Será por dicha aqueste el venturoso
que de la viuda posesión merece?

---

[23] *Ifis:* joven enamorado perdidamente de Ana-
xárete; esta no solo no le correspondía, sino
que se burlaba cruelmente de él. Un día, can-
sado de tanto despreció, antes de ahorcarse
a su puerta, imploró a los dioses un castigo
para Anaxárete. El día del entierro del joven,
esta se convirtió en una figura de mármol.

¿Qué le diré? ¿Qué haré? ¡Viven los cielos,
que se ha de conformar la arquitectura
y que han de estar los mármoles iguales!   1580

{Escena 13}
Sale LISANDRO, *de noche, y se arrima* OTÓN *a la otra pared.*

LISANDRO.	Vïuda, así os guarde Dios,	
	que puesta a aquesa ventana,	
	lo que hay de aquí a la mañana	
	quisiera pasar con vos.	
	El «sí» que a todos negáis,	1585
	decidme, ¿en que «no» consiste?	
	Santa y moza, alegre y triste,	
	zagala, no me agradáis;	
	este ser vos tan discreta	
	hace a mil necios pensar	1590
	que os debe de regalar	
	alguna prenda secreta.	
	Para que esto no se vea,	
	¿qué importa que os encerréis,	
	si las veces que queréis	1595
	vais y venís a la aldea?	
	Este campo y soledad,	
	estas huertas y jardines,	
	sin abrir a los maitines,	
	abren franca libertad.	1600
	Vïuda, ya no hay quien crea	
	que estáis sin dueño secreto	
	del alma, porque en efeto	
	andáis triste y no sois fea.	
	Mujer bella, rica y moza	1605

— que basta libre y mujer—,
yo no tengo de creer
que no se regala y goza;
porque aunque más me digáis
huyendo segunda boda   1610
que sois Angélica toda
doyme a Dios si vos no amáis.
¡Que tan desvanecido hablase al aire,
que apenas reparase en que podía
ser escuchado destas vivas sombras!   1615
En fin, pared, no escapas sin oídos.
¡Oh, casa del mayor peso del mundo!
Ya os arriman gigantes a la puerta,
ya están vuestras columnas revestidas.
¡De noche guardas a las puertas! ¡Bueno!   1620
A fe que a donde tantas guardas ponen,
que hay escondido algún tesoro rico.
Si asisten al sustento de la casa,
sirvamos todos de estantales²⁴ juntos.
Y pues el irme es caso sin remedio,   1625
hagan lugar, que yo me pongo en medio.

{Escena 14}

Se pone en medio de VALERIO *y* OTÓN; *sale un alguacil con*
linterna, y criados, y escribano.

ALGUACIL.	¡Lindo salto se hizo en los del juego!
ESCRIBANO.	¡Y qué hermoso dinero se paraban!
ALGUACIL.	Aun esta casa tiene más secretos;
	que se da de comer y entran mujeres. 1630

---

²⁴ *estantal:* estribo o contrafuerte con que se
apuntalan paredes que amenazan ruina.

Yo les daré una información que salten.
Gente hay en esta puerta. ¿Quién va?

                                           Ténganse

Al Rey!

OTÓN.   Tenidos somos; no nos meta
la linterna en los ojos.

ALGUACIL.   He de verlos
y desarrebozarlos treinta veces.   1635

VALERIO.   Mire que somos caballeros.

ALGUACIL.   Créolo;
mas yo he de verlos por mis ojos propios;
que suelen engañarnos por momentos;
¡ea!, que es ya…

LISANDRO.   Suplícoos que sea aparte.

ALGUACIL.   No ha de ser sino aquí. ¡Por Dios,
                            descúbranse!   1640
¡Señor Otón, Lisandro, y vos, Valerio!
¿Los nombres no pudiérades decirme?

OTÓN.   Convínome callarle.

LISANDRO.   Y a mí, y todo.
Mas yo me huelgo deste desengaño.

VALERIO.   Y yo he tenido por dichosa suerte   1645
saber así lo que saber temía.

ALGUACIL.   Desa manera, ¿puedo estar seguro
que no he dado disgusto?

LISANDRO.   Antes quedamos
en mucha obligación.

ALGUACIL.   Yo soy quien debo.
Vuesas mercedes, ¿quieren compañía?   1650

OTÓN.   Quedar nos cumple aquí.

ALGUACIL.   Pues a Dios. Vamos.

                Se va.

{Escena 15}

LISANDRO.	¡Que siempre en todo juntos nos hallamos!
VALERIO.	Otón, es bravo arquitecto.
OTÓN.	Y a Valerio, ¿qué le falta?
LISANDRO.	Para portada tan alta, 1655
	los tres hicimos efecto.
	Pero túveos mil ventajas.
VALERIO.	Estar en medio son mil.
OTÓN.	Si no viene el alguacil,
	todos nos hacemos rajas. 1660
LISANDRO.	Consuélome, que los tres
	fuimos necios por estremo.
OTÓN.	Dar aquese nombre, temo,
	a lo que locura es.
	Pero cuando aqueso fuera, 1665
	el más necio fuiste vos,
	que os metiste entre dos.
LISANDRO.	Y entre ciento me metiera,
	aunque fueran Rodamontes²⁵.
OTÓN.	¡Ea, león!
LISANDRO.	No es burlando; 1670
	que puedo, como otro Orlando²⁶,
	romper árboles y montes.

---

²⁵ *Rodamonte:* en los poemas épicos italianos, uno de los guerreros sarracenos, de gran fuerza y valor, que se enfrenta a Carlomagno (más adelante se citan otros).
²⁶ Nueva referencia a Roldán, cuya leyenda continúan los poemas épicos italianos bajo el nombre de Rolando u Orlando.

	La necedad en su punto	
	fue aquello del estampero,	
	cuando Otón, hecho librero,	1675
	entró con Valerio junto.	
OTÓN.	Con máscaras, ¿no llegamos	
	hasta la puerta?	
VALERIO.	Esperad;	
	que de aquella necedad	
	iguales partes llevamos;	1680
	que él vino de buhonero[27]	
	con mil rosarios allí,	
	y no le abrieron.	
OTÓN.	¿Ah, sí?	
	Pues darle el parabién quiero.	
LISANDRO.	Pues si todo se ha sabido,	1685
	por necios todos quedemos,	
	y el propósito mudemos	
	en quien la ocasión ha sido;	
	que habrá bien que murmurar.	
OTÓN.	Si va de murmuración,	1690
	yo diré a qué vino Otón	
	esta noche a este lugar.	
VALERIO.	¿Fue a saber si aquesta puerta	
	a algún dichoso se abría?	
OTÓN.	A eso, ¡por Dios!, venía.	1695
LISANDRO.	Téngolo por cosa cierta,	
	porque yo vine a lo mismo.	
VALERIO.	Y a mí, ¿qué pudo traerme	
	sino el ver lo mismo, y verme	
	en este celoso abismo?	1700

---

[27] *buhonero:* vendedor ambulante.

OTÓN.	Ya que nos hemos hablado,
	confírmese la amistad
	contra la fiera crueldad
	deste ingrato pecho helado.
	De su deshonor tratemos, 1705
	y que pierda la opinión[28].
LISANDRO.	¡Oh, qué bien ha dicho Otón!
	¿Qué venganza tomaremos?
	Pero ¿sabéis qué he pensado,
	y nunca lo dije en duda? 1710
VALERIO.	¿Qué?
LISANDRO.	Que tiene esta viuda
	galán en casa encerrado.
	Que este no acudir a ver
	ninguna cosa de fuera,
	si en casa no le tuviera, 1715
	¿cómo se pudiera hacer?
	Mujer sola, libre y rica
	y que a tantos ha negado,
	a fe que hay algún criado
	que al lado de noche aplica. 1720
	Y entre los que tiene, Urbán,
	que es bellacón y discreto,
	tengo sospecha en efeto
	que hace oficio de galán,
	porque no se aparta della, 1725
	y anda bien puesto y vestido,
	siempre se burla atrevido,

---

[28] *perder la opinión:* se entendía como perder la buena fama, el honor, uno de los temas vertebradores de esta comedia.

	y habla en secreto con ella.
OTÓN.	¡Vive Dios, que ahora he caído
	en una maldad tan clara! 1730
	Yo le cortaré la cara,
	o no seré bien nacido.
	¿Quién duda que esto es así?
VALERIO.	Yo soy dese parecer;
	que cosas le he visto hacer 1735
	de que sospechoso fui.
	Y desde aquí le prometo
	una grande cuchillada.
LISANDRO.	Dejad algo, si os agrada,
	para el dueño del secreto; 1740
	que también le he yo de dar
	una en medio desas dos.
OTÓN.	Amanecido ha, ¡por Dios!
	¡Qué dulce es el murmurar!
	Vamos, y hablémonos hoy. 1745
VALERIO.	En matarle me reporto.
LISANDRO.	¡Qué narices que le corto!
OTÓN.	¡Qué cuchillada le doy!

{Escena 16}[29]
Se van y sale LUCENCIO *con una carta, y* ROSANO, *forastero.*

LUCENCIO.	Hela leído y entendido todo,
	y contiene que Ercino me da un yerno 1750
	para Leonarda, encareciendo el modo

---

[29] La acción se traslada a algún lugar fuera de
las murallas de la ciudad, a algún campo o
huerta.

	de su nobleza, término y gobierno.	
Rosano.	No le aventajan en la sangre el godo[30]	
	y en gentileza de mancebo tierno	
	el mismo Adonis, Píramo y Narciso,	1755
	ni el más discreto en discreción y aviso.	
	Como el Gallego escribe, tañe y danza	
	como otro Julio, y porque más le alabe,	
	de retratar como Guzmán alcanza	
	aquella parte que a milagro sabe;	1760
	esgrime como el célebre Carranza,	
	su oficio es secretario del más grave	
	príncipe de la corte, donde vive	
	con gallarda opinión.	
Lucencio.	Así lo escribe.	
	¿Cuándo saliste de Madrid?	
Rosano.	Sospecho	1765
	que habré tardado solos cuatro días.	
Lucencio.	¿Hay nuevas?	
Rosano.	No sé cosa de provecho.	
	Pero mucho del caso te desvías;	
	muéstrame en él más descubierto el pecho,	
	si acaso de mi crédito le fías;	1770
	y muéstrame esta viuda, porque el vella	
	me importa para darles nuevas della.	
	Encargáronme mucho que la viese,	

[30] Rosano describe la nobleza y otras gracias del pretendiente de Leonarda y, como era habitual en la ponderación de cualidades personales, lo hace en relación a personajes modélicos: Adonis, Píramo y Narciso en belleza; el trovador gallego Macías en composición literaria; Pedro de Guzmán en pintura; Jerónimo Carranza en esgrima, etc.

	que allá tiene gran fama de hermosura.	
LUCENCIO.	Eso podría ser si ella quisiese;	1775
	mas es más que su fama, su clausura.	
	Y aunque de oírlo por ahora os pese,	
	sabed que es la mujer más bronca y dura	
	que ha criado la sierra más fragosa[31],	
	supuesto que es discreta y que es hermosa.	1780
	Ha un mes[32] y más que ya no la visito,	
	sobre esto de tratarle casamientos;	
	que de mi enojo y suyo en esto quito	
	malas palabras y desabrimientos;	
	y si el de aquese hidalgo solicito,	1785
	serán, sospecho, vanos pensamientos;	
	porque quien no se casa aquí en Valencia	
	menos hará para Madrid ausencia.	
	Con todo eso, diligencia haremos.	
ROSANO.	Mucho me habéis, señor, desconsolado;	1790
	pero será razón que lo intentemos,	
	porque diga, aunque mal, que he negociado.	
LUCENCIO.	Digo que ordenaré de que hoy la hablemos;	
	que siempre a Ercino estuve yo obligado.	
FLORO.	Prosigue, por tu vida, tan buen cuento.	1795
LUCENCIO.	Gente es esta; no entienda nuestro intento.	

---

[31] *fragosa:* áspera, intrincada, llana de maleza.
[32] Por esta acotación interna sabemos del trascurso del tiempo: el acto I había trascurrido en un día y hace aproximadamente un mes de aquello.

{Escena 17}
Se van y salen CAMILO *y* FLORO.

CAMILO.   Después de la primer noche,
como te he contado, Floro,
en que, como halcón y ciego,
ciego fui siguiendo a otro,   1800
otras seis o siete fui
por el mismo estilo y modo,
hasta que al fin la gocé,
sin más luz que de los ojos.
No había pájaro destos   1805
que de noche vuelan solos,
cuyos ojos no envidiase,
por ver lo que a tiento adoro.
Hela cobrado afición,
sin ver más que lo que toco   1810
de tacto, como los ciegos,
que es peregrino negocio.
He hecho cosas por verla
—que no pienses que soy corto—,
que hubieran enternecido   1815
un indio, un bárbaro, un monstruo;
ya fingiéndome morir
con suspiros y sollozos,
ya jurando de no vella
con juramentos y votos.   1820
Pero ni por mis ternezas,
ni por mis rabias y enojos,
se ha dejado ver; y así
estoy encantado y loco.
FLORO.   ¿Cómo no? ¡Gracioso cuento!   1825

	Lleva tú luz encendida.	
CAMILO.	Podráme costar la vida,	
	Floro, aqueste atrevimiento;	
	que si Psiqués[33] vio al Amor,	
	a quien a oscuras gozaba,	1830
	perdió la gloria en que estaba,	
	y negoció su dolor.	
FLORO.	Pues ¿qué has de hacer encantado,	
	enamorado sin ver?	
CAMILO.	Imitar a Amor, y ser	1835
	sin ojos enamorado.	
FLORO.	¿No puedes llevar un yeso	
	con que la puerta señales?	
CAMILO.	Tiene el hombre industrias tales,	
	que me hace perder el seso.	1840
	Fuera de la puerta estoy,	
	y dice que estoy en casa.	
FLORO.	Un coche de damas pasa.	
CAMILO.	Y baja, a fe de quien soy,	

{Escena 18}
Salen LEONARDA *y* JULIA, *con mantos.*

	dél una hermosa vïuda.	1845
FLORO.	Y no es mala la crïada.	
LEONARDA.	Esta huerta es estremada.	
JULIA	En ningún tiempo se muda.	
LEONARDA.	(Julia, Camilo es aquel	

---

[33] El mito de Psiques y Eros, recogido en *El asno de oro* de Apuleyo, es una de las fuentes que pudieron servir de inspiración para esta obra.

JULIA.	¡Ay, señora, ya le vi!)	1850
CAMILO.	¿Hay algo en que os sirva aquí?	
LEONARDA.	(¿Hablárele?	
JULIA.	Habla con él;	
	que todo el campo está solo.)	
LEONARDA.	Yo os agradezco el favor.	
CAMILO.	Débese a vuestro valor,	1855
	como aquesta luz a Apolo,	
	y a ella misma os comparo,	
	porque es lo que más deseo	
	de cuanto veo, aunque veo	
	pocas veces mi bien claro;	1860
	pero en fin, la luz es cosa	
	de tanta estima, que al suelo	
	no la ha dado igual el cielo,	
	después de haceros hermosa.	
LEONARDA.	Mucho la luz estimáis	1865
	para no ser ciego.	
CAMILO.	Nace	
	de una falta que me hace,	
	que no es bien que la sepáis.	
LEONARDA.	Ello se entiende; es de amor.	
CAMILO.	Pues más os espantaréis	1870
	si de mi dama sabéis	
	que es el mismo resplandor.	
LEONARDA.	¿Es por encarecimiento?	
CAMILO.	No, sino porque es Dïana	
	tan divina y soberana,	1875
	que no la veo y la siento.	
LEONARDA.	¿Cómo Dïana? ¿La luna?	
CAMILO.	La propia.	
LEONARDA.	Pues no andáis bien,	

	que esa mil vistas la ven;	
	mas no la toca ninguna.	1880
CAMILO.	Pues yo la toco sin vella.	
LEONARDA.	Sin duda os tengo por loco.	
CAMILO.	Sí, pues a escuras la toco,	
	y me he enamorado della.	
LEONARDA.	Y esa luna, ¿veos a vos?	1885
CAMILO.	Ella lo afirma, y es fe	
	que cada día me ve;	
	mas yo no la veo, ¡por Dios!	
LEONARDA.	Pues os ve, no lo dudéis,	
	sino que está enamorada.	1890
CAMILO.	Pienso que de mí se agrada.	
LEONARDA.	Y en los efetos lo veis.	
	¿Hay mujer por quien ahora	
	la dejásedes?	
CAMILO.	Me agravio	
	de que ponga vuestro labio	1895
	tal duda en mi fe, señora.	
	Si un ángel de hermosa fuese,	
	y una romana en valor,	
	no es posible que el amor	
	a mi imposible perdiese.	1900
LEONARDA.	Si la viésedes, yo os juro	
	que os trocase el desengaño.	
CAMILO.	Bien puedo estar dese daño	
	por muchas causas seguro;	
	que con las manos la tiento,	1905
	y la frente es estremada,	
	la nariz perfeccionada,	
	que es de un rostro el fundamento.	
	Los ojos son relevados	

	que es señal que buenos son;	1910
	todo esotro es perfección;	
	cuello y pechos estremados.	
	Entendimiento y donaire	
	es locura hablar en ello;	
	que no falta más de vello	1915
	para dar el seso al aire.	
	Pues ¡una Iris que tiene,	
	y un Mercurio embajador!	
	No tiene el mundo valor	
	cuando de su cielo viene.	1920
LEONARDA.	Vos sois estraño galán;	
	nunca tal oí decir.	
CAMILO.	Ni a nadie he visto sufrir	
	la escuridad que me dan;	
	y aunque en parte mi alegría	1925
	con este rigor se aniebla,	
	más yo quiero mi tiniebla	
	que alguno estima su día.	
LEONARDA.	Y ¿cómo os llaman?	
CAMILO.	Camilo.	
LEONARDA.	Es justo saber el nombre	1930
	de un más que Amadís[34], de un hombre	
	que ama por tal estilo;	
	ahora bien, por muchos años	
	vuestra Dïana gocéis.	
CAMILO.	Si vivo, no lo dudéis,	1935

---

[34] Amadís de Gaula, el protagonista de la famosa novela de caballerías que lleva su nombre, es tomado como modelo de caballero medieval y, por tanto, de lealtad con su señor y con su dama.

	a pesar de sus engaños.	
LEONARDA.	A Dios, escuro galán.	
CAMILO.	Él un rico esposo os dé.	
FLORO.	(Diga: ¿hablarla no podré	
	esta noche en el zaguán?	1940
JULIA.	Vivo junto a la Zaidía[35];	
	no quiera dama tan lejos.)	

Se van LEONARDA *y* JULIA.
{Escena 19}

FLORO.	Hablado habéis como viejos.	
	¡Qué ocasión esta, qué día!	
	¿Por qué no la requebrabas?	1945
	Que es una vïuda bella,	
	que andan mil muertos por ella.	
CAMILO.	¡En mi pensamiento estabas!	
	Por ella ni otras más bellas,	
	respeto de mi sujeto,	1950
	no se me da, te prometo,	
	lo que por mí, Floro, a ellas.	
	Esta no vale dos clavos,	
	ni cuantas puedes nombrar,	
	porque es querer comparar	1955
	los reyes con los esclavos;	
	yo te digo que la mía	
	es algún ángel sin duda.	
FLORO.	¿Tan mala era la vïuda?	
CAMILO.	Así, así; pasar podía.	1960

---

[35] Barrio de Valencia, que aún conserva ese
nombre, que quedaba fuera de las murallas.

FLORO.	A mí, bien me pareció.
CAMILO.	¡Ah, Floro, si aquesta vieras,
	qué bien que la encarecieras!
FLORO.	La viuda tomara yo.

{Escena 20}
Sale URBÁN, *con la espada desnuda, retirándose de* OTÓN,
LISANDRO *y* VALERIO.

URBÁN.	¡Tres hombres, a uno solo!	
OTÓN.	¡Muera el perro!	1965
URBÁN.	¿No me diréis qué ofensa os hice?	
VALERIO.	¡Muera!	
CAMILO.	¡Paso, señores, ténganse! ¡Ya basta!	
	Si estar yo de por medio en cortesía	
	de caballero recibirse suele,	
	Camilo soy, y amigo soy de todos.	1970
FLORO.	Ponte detrás.	
URBÁN.	Vinieran uno a uno…	
OTÓN.	Él tuvo en vos, Camilo, buen padrino;	
	que es lacayo vil, desvergonzado.	
CAMILO.	No haya más, por mi vida, que por dicha	
	no os habrá conocido.	
VALERIO.	Basta y sobra	1975
	quererlo vos.	
LISANDRO.	¿Mandáis en qué os sirvamos?	
CAMILO.	Quedo en obligación notable.	
OTÓN.	Vamos.	

Se van OTÓN, LISANDRO *y* VALERIO.
{Escena 21}

CAMILO.   Decid, hombre del diablo, ¿qué habéis hecho
            a aquestos caballeros?

URBÁN.   Buen Camilo,
            después de echarme a vuestros pies, os juro   1980
            que ni en obra, palabra o pensamiento,
            les ofendí jamás.

CAMILO.   Pues sin ofensa,
            ¡caballeros mataban en cuadrilla
            un hombre solo! No es posible.

URBÁN.   Es cierto,
            y puede ser que se hayan engañado   1985
            y tenídome a mí por otro.

CAMILO.   Créolo.

FLORO.   En gentil escampado os la juraban.

CAMILO.   Vamos con él hasta su casa, Floro.

URBÁN.   Hasta la puerta de la ciudad basta.

FLORO.   A mi señor estáis bien obligado.   1990

URBÁN.   (Si se lo debo, bien se lo he pagado.)

ACTO TERCERO

{Escena 1}[1]
Sale CAMILO, *y* CELIA, *dama, con manto.*

CAMILO.	Calla y déjame.
CELIA.	¿Que calle?
CAMILO.	Después iré.
CELIA.	No hay después.
CAMILO.	¿Tan loca estás, que no ves,

Celia, que estás en la calle?   1995

CELIA.   En la calle y dondequiera
tengo por cuerda razón
que se entienda tu traición.

CAMILO.   Templa el enojo y espera;
hablemos de suerte aquí,   2000
que quien pasa no lo entienda,
y suéltame ya.

CELIA.   ¿Qué prenda
me tienes dada de ti?
Malas noches, malos días,
palabras, celos y rabias,   2005

---

[1] Por las referencias que se dan en el verso 2013 y en la escena siguiente, situamos el comienzo de este acto en una calle de la ciudad, al anochecer.

y aun de que ya no me agravias
nacen estas ansias mías:
que, tan malo, te quisiera.
¡Mira cuál estoy, traidor!

CAMILO.   Ir allá será mejor;   2010
ve, Celia, a casa y espera;
que hay mucho que averiguar,
y en la calle no estás bien;
fuera de que a mí me ven,
y tengo que negociar.   2015

CELIA.   ¡Tú, a mi casa! Pues no has ido
en dos meses, ¿y tan loca
me ves, que crea tal boca
a corazón tan fingido?
No, amigo, que si se escapa,   2020
será andarme tras el viento.

CAMILO.   Tenme, por tu fe, con tiento;
que me has rasgado la capa.

CELIA.   Ese corazón quisiera,
donde tal dureza cabe.   2025

CAMILO.   Y fue para ti süave,
y a tu voluntad, de cera;
pero hay hombres que desean
no tener común el bien.
Pero advierte que nos ven.   2030

CELIA.   Mucho teme que le vean.
Calle, no se le dé nada,
y amartelaráse ahora,
si no lo está, la señora
que nuevamente le agrada;   2035
Y cuando riñan un poco
por celillos, bien sabrá

	dar satisfaciones ya.	
CAMILO.	Tú quieres volverme loco.	
CELIA.	¿Quién duda que le diría:	2040
	«Persígueme esa mujer,	
	pero no la puedo ver,	
	por tu vida y por la mía;	
	y no hay de qué recelarte,	
	que haré que delante esté	2045
	viendo que te beso el pie».	
CAMILO.	¿Quieres dejarme y cansarte?	
	Esto, ¿no era ya acabado?	

{Escena 2}
Salen LEONARDA *y* JULIA, *con mantos.*

JULIA.	Muy tarde y sola has salido.	
LEONARDA.	Por tarde que es, no ha venido	2050
	Urbán.	
JULIA.	Mucho se ha tardado.	
	Pero ¿por qué no quisiste	
	el escudero de Clara?	
LEONARDA.	Por no velle aquella cara	
	tan melancólica y triste.	2055
	¡Ay, Julia, más lo es mi suerte!	
JULIA.	¡Jesús, señora! ¿Qué has?	
LEONARDA.	¡Ay, Julia!	
JULIA.	¡Qué muerta estás!	
LEONARDA.	Y ¿es mucho viendo mi muerte?	
JULIA.	Mira que no es tan de noche;	2060
	calla o cúbrete la cara.	
	Todo aquesto se escusara	
	si hubieras venido en coche.	

	¡Ay, amarga, que ya veo	
	de adónde el aire te vino²!	2065
LEONARDA.	Galardón es este digno	
	de mi loco y mal deseo.	
	¡Oh, quién no te conociera,	
	como tú a mí, pues así,	
	como no me ves a mí,	2070
	te gozara y no te viera!	
	¡Fiad de los juramentos,	
	de las palabras y votos!	
	Pero son papeles rotos	
	que se entregan a los vientos.	2075
	¡Quién le oyó que no quería	
	otra en el mundo!	
JULIA.	Y bien jura,	
	que dice de noche oscura,	
	y esta querrála de día.	
	Mira, señora, no creas	2080
	que sin dejarte mirar	
	has de poder conservar	
	un hora el bien que deseas.	
	Por la vista entra el amor	
	que por las manos no puede.	2085
LEONARDA.	¿Y el oír?	
JULIA.	Eso se quede	
	para un amante hablador.	
	Sigue un hombre, oyendo hablar,	
	un rebozo, aunque no vea,	

---

² *de adónde el aire te vino:* barruntar, adivinar
algo; en este caso, la irritación de Leonarda,
pues se supone que algo ha visto de la esce-
na anterior.

	y en viendo que es mujer fea,	2090
	al diablo la quiere dar.	
CAMILO.	Di, veamos, ¿qué te debo?	
	Que yo te satisfaré.	
CELIA.	Lo primero, una gran fe,	
	que es en nosotras muy nuevo;	2095
	luego con mucha lealtad	
	no conocer otro gusto,	
	y en la mía muy al justo	
	vestirme tu voluntad;	
	pasar mil noches al hielo,	2100
	esperándote a una reja;	
	sufrir voces de una vieja,	
	y aun, ¡ay del brazo y del pelo!,	
	no te haber jamás faltado	
	en cosa que hayas querido.	2105
CAMILO.	Todo eso te he servido	
	con haberte regalado;	
	algún dinero me cuestas,	
	y galas, las que tú sabes.	
CELIA.	¡Palabras, por cierto, graves,	2110
	y en tu hidalga boca honestas!	
	El cofre abriré; no quiero	
	cosa tuya. Venga, Floro,	
	llévelo, y aun darte en oro	
	eso que me has dado espero.	2115
	¡Hermosas galas, en fin!	
	Una triste vasquiñuela[3],	

---

[3] *vasquiñuela:* diminutivo con tono despectivo de vasquiña. Se citan aquí tres prendas típicas de la indumentaria femenina de la época: la vasquiña, falda exte-

con dos fajuelas de tela,
un amargo faldellín...
¡Qué sartas de perlas grandes!   2120
¡Qué cadenas me ponías!
¡Qué ricas tapicerías
de las mejores de Flandes!
¡Qué casa que me has labrado,
con jardín, reja y balcón!   2125
Y tiénenla mil que son
esterillas de mi estrado.
¿Con quién, ya que se me aleja,
aqueste tiempo empleara,
que a lo menos no quedara,   2130
ya que sin paga, sin queja?
Hallaríasme muy rota,
muy pobre, muy despreciada,
cuando te di en casa entrada.

LEONARDA.   ¿No ves cómo se alborota?   2135
             ¡Oh, quién lo que hablan oyera!

JULIA.   ¿No era mejor irte a casa
             que no esperar de quien pasa
             que alguno te conociera?
             Fuera desto, ya anochece.   2140

LEONARDA.   Eso y el estar tapada
             hace que no importe nada.

JULIA.   Mas son celos, me parece.
             En mi vida lo pensara,
             que por tales aventuras,   2145

---

rior con poco vuelo; la *faja*: tira de tela con
que se rodea la cintura; y el *faldellín*: una falda
corta con vuelo. El sufijo con el que se usan
'uelo' tiene aquí valor despectivo.

	dama que se goza a escuras
	fuera con celos tan clara.
CELIA.	¿Hombre, yo?
CAMILO.	Sí, Celia, tú;
	y pues que me he declarado,
	déjame.
CELIA.	Ya estás dejado.

2150

¡Jesú, qué maldad! ¡Jesú!

CAMILO. Santíguate con cien manos.

CELIA. ¿Con testimonios me dejas?
Quédate, a Dios; no más quejas.

Se va.

CAMILO. Testimonios son bien llanos. 2155

{Escena 3}

¿Es posible que se ha ido?

LEONARDA. (¿Qué le digo?)

CAMILO. ¿A mí, embozadas?

LEONARDA. No somos tan declaradas
como esa necia lo ha sido.
¿Es acaso la Dïana 2160
que dijistes en la huerta?

CAMILO. (Esta viudilla anda muerta
por ser conmigo liviana).
Suplícoos que os destapéis,
porque no lo parezcáis. 2165

LEONARDA. Huélgome que lo que amáis
tan presto lo aborrecéis.

CAMILO. Son esas divinidades

acá ciertas fantasías,
son unas noches sin días, 2170
y unas mentiras verdades.
Son unos gustos inciertos
y un buen manjar sin sazón,
una fiesta en confusión
y unos sueños que son ciertos. 2175
Es andar de noche en huertas,
es lo no visto fingir,
y es contar y recibir
dineros a luces muertas.
Si vos me queréis a mí, 2180
dormirá un poco Dïana;
porque es noche sin mañana
y se quiere mucho a sí.
Quiere que la amen por fe,
cual si cielo hubiera sido, 2185
y es, en efecto, sonido,
que se oye y no se ve.

LEONARDA. Sin duda que la habéis visto,
y os habéis desengañado.

CAMILO. Antes por no haber mirado, 2190
a mi obligación resisto.
Si la viera como a vos,
y bella como vos fuera,
no dudo que la quisiera.

LEONARDA. ¿Y de veras?

CAMILO.   Sí, ¡por Dios!, 2195
porque sois vos una perla;
y me he de cansar al cabo
de ser de una dama esclavo
que no me consiente el verla.

	¿Por qué yo mi mocedad	2200
	he de pasar, por su gusto,	
	con este censo y disgusto	
	guardando su honestidad?	
	Si teme ser descubierta	
	como otras que el vulgo infama,	2205
	o estima tanto su fama,	
	ponga un gigante a la puerta.	
LEONARDA.	Vos lo habéis dicho muy bien;	
	pero porque gente viene,	
	que os vais, señor, me conviene.	2210
CAMILO.	Pues ¿tan presto, tal desdén?	
	Por tenerme por mudable,	
	sin duda, me despedís.	
LEONARDA.	Que os vais, digo: ¿no me oís?	
CAMILO.	Voyme, viudilla intratable.	2215

Se va.
{Escena 4}

LEONARDA.	¡Oh, traidor! ¿Que no bastaba	
	la ofensa que aquí me hacía,	
	que requebrarme quería?	
JULIA.	De desengañarte acaba.	
	No ha sido malo el sermón,	2220
	si le sabes entender.	
LEONARDA.	Mejor me le supo hacer	
	que si viera la ocasión.	
	¡Muda quedé, que no supe	
	hablar!	
JULIA.	Fue sermón muy alto.	2225
LEONARDA.	Un súbito sobresalto	

	no hay sentido que no ocupe.
	¡Aquesta noche y no más!
	Aunque por lo comedido,
	verás cómo le despido. 2230
JULIA.	Y desto ¿qué le dirás?
LEONARDA.	¿Yo le había de hablar desto?
	¡Qué donosa necedad!

{Escena 5}
Sale URBÁN.

URBÁN.	No ha quedado en la ciudad
	otra calle ni otro puesto. 2235
	Dos veces a casa he ido,
	por si allá hubieras llegado.
LEONARDA.	Harto bien te has disculpado
	un día que a pie he salido.
	Esta noche llamarás 2240
	aquel galán de la puente.
URBÁN.	Harélo liberalmente.
LEONARDA.	Tú, Julia, cuenta tendrás
	de la puertecilla falsa.
URBÁN.	Tu tío en casa te espera. 2245
LEONARDA.	¡Bien! Porque pena tan fiera
	no la comamos sin salsa.
URBÁN.	Con él está un forastero
	de Madrid.
LEONARDA.	¿A qué ha venido?
URBÁN.	No sé.
LEONARDA.	¡Cielos, dadme olvido 2250
	si aquesta noche no muero!

{Escena 6}
Se van y salen LISANDRO *y* OTÓN, *de noche.*

LISANDRO.	Ya que la noche nos da	
	lugar a nuestra porfía,	
	¿cómo, Otón, de pena os va?	
OTÓN.	¿No basta ser pena mía?	2255
	Con eso entendido está.	
	¿Qué dolor al mío se iguala,	
	pues a la cosa más mala	
	me ha traído mi furor?	
LISANDRO.	¿Cómo?	
OTÓN.	A mi competidor	2260
	hace favor y regala.	
LISANDRO.	Cansada está la paciencia	
	de sufrir celos y agravios	
	cuando es paz la competencia;	
	mas sabed que es de hombres sabios	2265
	esa cuerda diligencia.	
OTÓN.	No estoy de eso arrepentido,	
	pero muy necio y corrido	
	de que quite aqueste Urbán	
	a tanto mozo galán	2270
	galardón tan merecido.	
	Yo soy un hombre arriscado	
	y aunque hubiera cien Camilos	
	para su defensa y lado,	
	una vez fuera los filos	2275
	él volviera colorado.	
	Este Camilo, ¿quién es,	

	que así trata del arnés[4]?	
	Bueno es tener respeto	
	a un hombre; mas yo os prometo	2280
	que me arrepentí después.	
LISANDRO.	No os pese, que aquesta puerta	
	no pienso que verse espere,	
	noche oscura o clara, abierta,	
	que el que por ella saliere	2285
	no vuelva la cara abierta.	
	Este es Valerio en el talle.	
OTÓN.	Y fuera bueno dejalle	
	a que en un punto se armara.	

{Escena 7}
Sale VALERIO.

VALERIO.	Mas que el enemigo entrara	2290
	por la boca de la calle.	
OTÓN.	A propósito responde.	
	No me digan de Gradaso[5]	
	ni del Orlandino conde,	
	que guardaran este paso	2295
	como los dos.	
LISANDRO.	Sentaos.	
OTÓN.	¿Dónde?	
LISANDRO.	En aqueste puro suelo,	

---

4 *arnés:* armadura propia del caballero; aquí la expresión 'tratar del arnés' significa presentarse como valiente y caballero.

5 *Gradaso y Orlandino:* protagonistas de poemas caballerescos.

	cada cual en su herreruelo[6], y a su lado la rodela.	
VALERIO.	Esta noche poco vela la blanca luna en el cielo.	2300
OTÓN.	Andará como la viuda; con los cercos de humedad, es para llover sin duda.	
LISANDRO.	¡No hubiera en esta ciudad una hechicera barbuda!	2305
VALERIO.	¿Para qué?	
LISANDRO.	Para que hiciera que por treinta se muriera.	
OTÓN.	Mejor para que olvidara un traidor, a cuya cara hoy un beneficio espera.	2310
VALERIO.	Una sátira le hagamos.	
OTÓN.	¡Vive Dios, que es gran bajeza! Sin duda la deshonramos.	
LISANDRO.	Teniendo tanta nobleza más corridos nos quedamos.	2315
OTÓN.	Las sátiras inventivas[7] que dan en las llagas vivas son para la gente baja. ¡Qué bien aquesto me encaja!: «Nunca digas mal ni escribas».	2320

---

[6] *herreruelo:* capa corta; *rodela:* escudo redondo.

[7] Los mozos, despechados, se proponen escribir a Leonarda una *sátira inventiva,* es decir, un libelo, un escrito difamatorio (esta venganza amorosa la protagonizó Lope, en su juventud, con Elena Osorio).

VALERIO.	Aquel decir mal, hermano,
	no guarda ningún gobierno,
	porque dicen, y es muy llano,
	que es chimenea en invierno 2325
	y sala baja en verano.
	Mejor será que cantemos,
	o que de repente echemos
	en loor de los dos amantes.
LISANDRO.	¿Prestaréisme consonantes? 2330
OTÓN.	Mejor será que glosemos.
VALERIO.	¡Oh!, vos sois un cancionero.
LISANDRO.	Venga el verso.
OTÓN.	Diga así:
	La vïuda y su escudero.
VALERIO.	¡Oh, qué tal es, pesia a mí! 2335
LISANDRO.	Pues yo comienzo el primero.
	Mirando nuestros amores
	y su grave competencia,
	he presumido, señores,
	que Angélica[8] está en Valencia 2340
	con todos sus pretensores.
	Vos sois Orlando el guerrero
	y vos Sacripante fiero,
	yo, Ferragud, bravo moro;
	pero Angélica y Medoro, 2345

[8] Angélica, personaje principal de varias epopeyas italianas, entre ellas el *Orlando furioso*, de Ludovico Ariosto. En esta obra varios son sus enamorados pretendientes: Sacripante, Ferragud, y el protagonista, Orlando; pero esta bella princesa está casada con Medoro.

	la vïuda y su escudero.	
VALERIO.	Escudero el más honrado	
	que salir de España pudo	
	que a tener has acertado	
	el más reluciente escudo	2350
	de tus armas adornado;	
	una medalla hacer quiero,	
	aunque pobre caballero,	
	de plata y de mil tesoros	
	donde estén como el cinco oros	2355
	la vïuda y su escudero.	
OTÓN.	En las celestes alturas,	
	siendo Géminis su nombre,	
	hay un signo en dos figuras,	
	una mujer, otra hombre,	2360
	pegados en carnes puras.	
	Yo no soy buen estrellero;	
	pero, ¡por Dios verdadero!,	
	que cada noche imagino	
	que están como aqueste signo[9]	2365
	la vïuda y su escudero.	
VALERIO.	¡Hola! La puerta han abierto,	
	y Urbán embozado sale.	

---

[9] Cada una de las glosas de los tres pretendientes alude a la consumación de las relaciones entre la viuda y el escudero. En esta última, de forma más explícita ya que Otón los imagina como al signo de géminis, *pegados en carnes*; y en la anterior, la de Valerio, más figurada: el escudero ha conseguido un reluciente escudo (la viuda) que ha adornado con sus *armas*, en clara alusión sexual.

{Escena 8}

OTÓN.	¿Quién?
VALERIO.	Urbán.
OTÓN.	¿Es cierto?
VALERIO.	Cierto.
LISANDRO.	¡Oh pesia tal!
VALERIO.	Llega y dale. 2370

Salió ROSANO *y le dio* LISANDRO.

LISANDRO.	¡Basta aquesta!
ROSANO.	¡Ay, que me han muerto!
OTÓN.	Echad por esa esquina.
LISANDRO.	Bien se ha hecho.

Se van los tres.
{Escena 9}

ROSANO. Ábranme aquesa puerta. ¡Ay de mí, triste!
La casa es grande, y llamo sin provecho.
¿Aquí, viejo fingido, me trujiste?   2375
Pretendientes lo han hecho. Hacer buen
                                    [pecho,
que a una traición ningún valor resiste.
¡Qué gentil cuchillada que me han dado!
¡Oh! ¡Cómo a Madrid voy bien despachado!

{Escena 10}
Se va. Salen LEONARDA, JULIA *y* LUCENCIO.

LEONARDA.	Vaya una hacha con mi tío. 2380
JULIA.	Ya Rodulfo está con ella.

LUCENCIO.	¿Qué necesidad hay della?	
LEONARDA.	¿Cómo que no, señor mío?	
	Y otro criado también	
	con espada os acompañe.	2385
LUCENCIO.	¿Quién ha de haber que me dañe?	
LEONARDA.	Y yo sé que os quieren bien.	
LUCENCIO.	Del hombre estoy muy contento,	
	que parte bien despachado[10].	
LEONARDA.	Digo, tío, que me agrado	2390
	de hacer este casamiento;	
	que habiendo a mil propios sido	
	áspera, disculpa espero	
	en querer a un forastero.	
LUCENCIO.	Ventura el hombre ha tenido.	2395
	Ricas albricias le esperan	
	en allegando a Madrid.	
LEONARDA.	Que se aperciban, decid.	
LUCENCIO.	Ya esperan y desesperan.	
JULIA.	A Dios.	
LEONARDA.	Él vaya contigo.	2400

Se va LUCENCIO.

JULIA.	Desesperándome estaba;
	que en la puerta falsa andaba
	no sé quién.

---

[10] Observa cómo Lope utiliza recursos cómicos con los dobles sentidos de las palabras polisémicas: en el verso 2379 *despachar* está usado en su acepción de 'asesinar, desprenderse de alguien' y en este en el de 'dejar resuelto un negocio o asunto'.

{Escena 11}
Sale URBÁN.

LEONARDA.	Urbán. amigo, ¿cómo solo desa suerte con la máscara en la mano? 2405
URBÁN.	Hay mucho mal.
LEONARDA.	¿Cómo, hermano? De lo que pasó me advierte.
URBÁN.	A la puente del Real llegué a las diez, donde atento ya me esperaba Camilo, 2410 el curso del agua oyendo. Llegué a hablarle, y él alzó de la baranda los pechos, y cubriéndole los ojos, yo fui el mozo y él el ciego. 2415 Entramos por la ciudad, hablando y encareciendo yo tu hermosura y tu fama, y él su amor y sus deseos. Preguntábale si había 2420 en Valencia otro sujeto que le agradase de día más que tu oscuro aposento; y él me contaba una historia de una mujer que de celos 2425 le seguía y perseguía en calles, plazas y templos; cuando un alguacil llegó y al querer reconocernos

	la venda del dios de amor	2430
	Camilo se quita presto.	
	Llegó, y quién era le dijo,	
	dejándole satisfecho;	
	pero no quiso rogalle	
	que me dejase cubierto.	2435
	La máscara me quitaron;	
	Camilo y todos me vieron;	
	bien que me dejaron libre,	
	que mejor dijera preso.	
	Camilo, en viéndome el rostro,	2440
	me dijo: «Amigo —riendo—	
	dejemos estas quimeras,	
	y vámonos descubiertos».	
	Yo entonces, como en los montes	
	acosado corre el ciervo,	2445
	a Camilo dejó atrás,	
	y voy igualando al viento;	
	y por calles desusadas,	
	de aqueste triste suceso,	
	conocido y afrentado,	2450
	a darte las nuevas vengo.	

LEONARDA. ¡Pobre de mí! ¡Tras un mal
    otro mayor! ¿Qué he de hacer?

JULIA. ¿Tu valor puede perder
    su condición natural? 2455
    Ahora el esfuerzo importa.

LEONARDA. No le hay en tal desconsuelo;
    que cuando castiga el cielo,
    acero y diamantes corta.
    Ahora bien, cualquier flaqueza 2460
    es notable en quien yo soy;

pero fabricando estoy
una aguda sutileza.
Urbán, por algunos días
a mi prima servirás,   2465
y por Valencia andarás
muy lejos de cosas mías.
Así que, cuando te siga
ese hombre, entenderá
que por ella viene y va.   2470

JULIA.   A mucho el honor te obliga.
URBÁN.   Pues di: ¿quieres deshonrar
tu prima? ¿No es desvarío?

LEONARDA.   Urbán, por este honor mío,
todo se ha de perdonar.   2475
Caiga esa mancha en mi prima,
y líbrese mi opinión.

URBÁN.   ¿Tú no ves que es sinrazón?
LEONARDA.   Así la fama se estima.
Si cuando te acuchillaban   2480
delante al otro ponías,
de quien favor recibías,
y los otros en él daban;
y si defender la mano
al rostro es tan natural,   2485
por parte más principal,
no es pensamiento inhumano.
Recogeos, y mañana
a misa con ella irás
al Milagro.

URBÁN.   Tú le harás   2490
con esta industria greciana.
Pero di, ¿quién ha de ir

	mañana por tu galán?	
LEONARDA.	Julia, disfrazada, Urbán,	
	que de hombre se ha de vestir.	2495
JULIA.	¿Y si algún hombre me topa?	
LEONARDA.	Te defenderá tu ciego.	
JULIA.	Dél me temo.	
LEONARDA.	¿Cómo?	
JULIA.	Es fuego,	
	y conocerá la estopa.	

{Escena 12}
Se van. Salen OTÓN *y* VALERIO.

	Dicen que ya se levanta.	2500
VALERIO.	Dicen que ya se levanta.	2500
OTÓN.	Es un lirón en dormir.	
	Lo que se tarda en vestir,	
	Valerio, es cosa que encanta.	
VALERIO.	Acostóse, pues, temprano;	
	que anoche poco rondó.	2505

Sale LISANDRO.

LISANDRO.	Esa, a fe, me desveló,	
	escudero y cirujano.	
OTÓN.	¿Aún os ponéis los botones?	
VALERIO.	¿El cirujano os desvela?	
	¡Buena burla! Mas creeréla.	2510
OTÓN.	Dejémonos de razones.	
	¿Hubo quien nos conociese?	
LISANDRO.	Era un desierto la calle.	
VALERIO.	¡Qué bien que se puso al dalle!	
OTÓN.	Mas ¡que tan bien sucediese!	2515

	¿Fue en la cabeza o la cara?	
LISANDRO.	En todo pienso que hirió,	
	porque revés que doy yo,	
	hasta el pescuezo no para.	
OTÓN.	¡Válame san Jorge!	
VALERIO.	Amén.	2520
OTÓN.	Esto cuentan de Roldán.	
	¡Hola! ¡Hacia acá viene Urbán!	
VALERIO.	¿Quién?	
OTÓN.	Urbán.	
LISANDRO.	¿Quién dices? ¿Quién?	
OTÓN.	¡Hola! Urbán es, y muy sano.	
LISANDRO.	Míralo bien.	
OTÓN.	¿Qué hay que ver?	2525
	Tú debías de tener	
	anoche blanda la mano.	
VALERIO.	Cuando yo doy un revés,	
	hasta el pescuezo no para.	
OTÓN.	Cogiendo cabeza y cara,	2530
	queda abierto hasta los pies.	

{Escena 13}
Ha salido URBÁN.

LISANDRO.	Estoy por dársela ahora.	
OTÓN.	Deteneos.	
VALERIO.	Urbán, ¿dó bueno?	
URBÁN.	De prisa y cuidado lleno;	
	que va a misa mi señora.	2535
OTÓN.	¿Quién? ¿Leonarda?	
URBÁN.	Ha ya mil días	
	que en casa de su prima estoy	

	y con ella vengo y voy.	
VALERIO.	(¡Muy bien así le darías!	
LISANDRO.	Sin duda, pues, que hay herido	2540
	o forastero o criado).	
OTÓN.	Tenga, pues se ha disculpado,	
	perdón.	
LISANDRO.	Mas yo se lo pido.	
URBÁN.	¿Mandáis más?, que voy de prisa.	
OTÓN.	Dinos algo de tu ama.	2545
URBÁN.	Que es una Porcia[11] en la fama.	
LISANDRO.	Ven acá.	
URBÁN.	Tocan a misa.	

Se va.
{Escena 14}

VALERIO.	Fuese, que es gran bellacón.	
OTÓN.	Sin duda, su prima está	
	sola, si este no está allá.	2550
LISANDRO.	¡Oh, vana murmuración!	
	Si aqueste su galán fuera,	
	sin él ni un hora pasara.	
VALERIO.	Amando, es cosa muy clara.	
LISANDRO.	Pues ¿no sabremos quién era	2555
	el que llevó el beneficio	
	anoche? Y no por el boto,	
	sino por el filo.	
VALERIO.	Has roto	

---

[11] Por su uso en diferentes obras, el nombre de Porcia en esa época parece tener connotaciones de fidelidad, determinación y buena fama.

más que un romano Fabricio[12];
ya no preguntes quién sea,   2560
que ya no debe de ser.

Desnuda la espada

LISANDRO.   Pues téngolo de saber.
OTÓN.   Basta que el filo se vea.
LISANDRO.   Sangre tiene, ¿qué dudamos?
VALERIO.   Por mí, Lisandro, lo creo.   2565
OTÓN.   ¿Dónde iremos?
VALERIO.   A la Seo.
LISANDRO.   Mejor es que a San Juan vamos.

{Escena 15}
Se van. Salen CAMILO *y* FLORO.

FLORO.   ¿Tantas cruces te haces?
CAMILO.   Pues, ¿qué quieres,
              viendo tan espantoso desengaño
              desde mi encantamiento y aventura?   2570
FLORO.   ¿Viste anoche muy bien al hombre?
CAMILO.   Vilo
                  como te veo, Floro amigo, ahora;
              y vile con tal fuerza de deseos
              de conocerle bien, que desvelado
              toda la noche estuve, con su imagen
              en la memoria como piedra impresa,
              hasta que me dormí cansado al alba.
              Puedo en la mesa retratarle al vivo,
              como se cuenta del famoso Apeles.

---

[12] Cónsul romano caracterizado por su gran
     valentía.

FLORO.	¿Y que hoy le has visto acompañar su ama?	2580
CAMILO.	Pues ese es, Floro, el desengaño mío;	
	que como anoche conocí su cara,	
	y hoy le vi con aquesta buena dueña,	
	estoy desesperado.	
FLORO.	Dime el cuento	
	de suerte que lo entienda.	
CAMILO.	Estáme atento.	2585

Yo salía del Milagro,
discursos varios haciendo
sobre el suceso de anoche,
que fue notable suceso.
Iba bajando las gradas,   2590
cuando el escudero veo
con sereno y corto paso,
rostro humilde, airoso cuerpo.
De la su mano traía
—que así lo dicen los viejos—   2595
una niña, que ganaba
con cuatro quinces el juego[13].
No me dé mejores cartas
en su vida el compañero,
que los puntos de esta diosa,   2600
diosa en años, diablo en gesto,
el cual era de un color
tan pálido y macilento,
que el bronce no le igualaba,
aunque de bronce era hecho.   2605
La frente vellosa y chica,

---

[13] Parece tener más de cuatro quinces, es decir, más de sesenta años.

blancos y pocos cabellos,
cejas tiznadas de hollín,
por la falta de los pelos,
ojos a escuras süaves   2610
porque eran de rocín muerto,
nariz de jabón de sastre[14],
y barbuda por lo menos;
la cabeza tuerta un poco,
los hombros, Floro, sin cuello,   2615
el andar como de un ganso,
muy espacio y patiabierto.
Quisiera empujarla entonces
y dar con ella en el suelo;
pero al fin, desengañado,   2620
vuelvo corrido en extremo.

FLORO.   ¿Éstos, señor, han sido tus peligros?
¿Esto ponerte a una perpetua infamia?
¡Ah, si tomaras luego mi consejo
y rompieras un poco el capirote,   2625
o fuerza hicieras con la espada en mano!
Que no habían de matarte ni ofenderte.
¡Todo fue muy galán aficionarte
de una camilla de damasco y tela,
y de unos terciopelos y brocados!   2630
Más ¿qué piensas hacer?

CAMILO.   La primer casa
me ha de dar pluma y tinta, y con la cólera
le he de escribir quién es, y su mal término,

---

[14] *jabón de sastre:* jaboncillo pequeño, gene-
ralmente azul o blanco, que usan los sastres
para marcar la ropa. En algunas zonas se usa
el término catalán 'guix'.

y quedará de lengua castigada;
que gran castigo suele ser la lengua,　　　　2635
y más cuando se vea conocida,
y que pierde el mocito que engañaba.

FLORO.　　¿No me contabas tú que la tocaste,
y que era moza muy briosa y cuerda,
que hablaba con estremo y respondía?　　2640

CAMILO.　　Sin ojos, no me culpes ni me corras.
Urbán queda con ella ahora en misa;
darásle este papel que he de escribille,
para que se lo lleve como digo.

FLORO.　　¡Linda dama has gozado!

CAMILO.　　　　　　　　　¿Burlas, Floro?　　2645

FLORO.　　¡Oh, qué niña tan linda!

CAMILO.　　　　　　　　　Como un oro.

{Escena 16}
Se van y salen LEONARDA *y* JULIA.

JULIA.　　¿Que, al fin, te has determinado
a querer a un forastero?

LEONARDA.　　Celos, Julia, me han forzado
deste traidor por quien muero,　　　　2650
y este mi honor estimado.

JULIA.　　¿Y que saldrás de Valencia?

LEONARDA.　　Antes que con cierta ciencia
sepan mi secreto estilo,
es bien dejar a Camilo,　　　　2655
y halo de hacer el ausencia;
porque, según está impreso
en el alma que le di,
Julia amiga, te confieso

	que verle y no hablarle aquí	2660
	sería perder el seso.
JULIA.	Por estraño modo has hecho
	tu gusto, sin que tu honor
	quede manchado o deshecho.
LEONARDA.	Una mujer con amor	2665
	deshará todo el derecho.
JULIA.	Cierto que, si las señales
	del secretario son tales
	como escriben, aunque en breve,
	que nada a Camilo debe.	2670
LEONARDA.	Mucho son en todo iguales;
	pero lo visto era bueno.
JULIA.	¡Oh, cómo el verte casar,
	en reino estraño y ajeno,
	por la ciudad ha de dar	2675
	un bravo estampido y trueno!
LEONARDA.	No importa, pues della salgo.

{Escena 17}
Sale URBÁN.

URBÁN.	Para tus industrias valgo
	un mundo.
LEONARDA.	Urbán, ¿con tal prisa?
URBÁN.	Ya me vio llevar a misa	2680
	a tu prima aquel hidalgo.
LEONARDA.	¿Y qué? ¿Puso buen semblante?
URBÁN.	Con un rostro entre dos luces
	se puso a vernos delante,
	haciéndose cien mil cruces,	2685
	que es satisfacción bastante.

Y al salir me dio el criado
aqueste papel cerrado
para que a tu prima diese,
como si culpa tuviese.   2690

LEONARDA.   Bien le habemos engañado.
Muestra a ver lo que le escribe.

URBÁN.   ¿Quién duda que le dirá
que de su gusto se prive?

LEONARDA.   Dirá que corrido está   2695
y cuán engañado vive.

Lee.

«Vieja de Satanás, que a siete dieces
te enamoras, y gozas con hechizos
de mozos, por su mal, antojadizos
con quien te haces niña y enterneces;   2700
hoy vi tu antigua cara con dobleces,
tiznadas cejas y canudos rizos,
con la tuerta nariz, dientes postizos,
y las hermosas manos de almireces.
Desengañeme, y dije muy corrido: 2705
—A Diós, señora Circe[15], a Lanzarote
sirva de quintañona[16], y será moza.
Busque otro necio, como yo lo he sido,
a quien ponga de noche el capirote,

---

[15] *Circe:* poderosa hechicera con talento
excepcional para preparar pociones mági-
cas; *Lanzarote:* en el ciclo bretón, el modelo
de perfecto caballero.

[16] Se aplica a las personas muy viejas; sinóni-
mo coloquial de 'centenario'.

	que presto le pondrán una coroza»[17].	2710
URBÁN.	¡Bravo fuego viene echando!	
	mas no hay que espantarse de él.	
LEONARDA.	Y yo me estoy lastimando;	
	que no hay cosa en el papel	
	que no me deje abrasando,	2715
	porque hago de ello honor.	
URBÁN.	Eres mujer, y en rigor	
	no pueden sufrir ser feas.	
	¿Corrido te has?	
LEONARDA.	No lo creas.	
JULIA.	Pues ¿hay afrenta mayor?	2720
URBÁN.	¿Cómo afrenta? ¡Si ese piensa	
	que es esa vieja tu prima	
	de quien recibió la ofensa!	
LEONARDA.	Por ventura amor me anima	
	a que me ponga en defensa.	2725
	Y necio Camilo anda,	
	pues hoy confiesa tan dura	
	la que ayer sintió tan blanda.	
URBÁN.	Lo que es mal, presto asegura,	
	y así en hablar se desmanda.	2730
	¿Qué has de hacer?	
LEONARDA.	A su posada	
	ve esta noche; que me agrada	
	con otro mayor engaño	
	dalle un cierto desengaño.	
URBÁN.	Tú quedaras engañada.	2735

---

[17] *coroza:* gorro de papel o cartón pintado en forma cónica que se ponía a los condenados por la inquisición para afrentarlos.

{Escena 18}
Se van y salen CAMILO *y* FLORO.

CAMILO.	¿Eso me dices, Floro?
FLORO.	Bien sabía

que había, señor mío, de ofenderte;
y sabe Dios lo que a mi alma cuesta
dar licencia a mi lengua y a mi boca,
para palabras de vergüenza poca.   2740
Desde aquesta mañana, que me diste
aquel papel que al escudero diese,
anduve comenzando mil razones,
y nunca pude pronunciar ninguna.
Bien sé, señor, que hacello fue mal
                              [término;   2745
mas quien es tan discreto, y ha leído
tantas historias, verá bien por ellas
que amor tiene disculpa en sus efetos
con solo ser amor.

CAMILO.   Ya lo sé, Floro,
y no es esa la culpa que en ti hallo.   2750

FLORO.   Como yo vi que despreciaste a Celia,
y ella, señor, se vio desamparada,
por su consuelo entraba a visitarla;
y visitóme amor de suerte el pecho,
que le dije mi intento, y di palabra   2755
de casarme con ella, como fuese,
señor, tu gusto, y con licencia tuya.
Ella, desesperada, y que en su vida
la volvieras a ver, y porque todas
oyen muy bien aquesto de casarse,   2760

también me dio palabra y juramento.
Ve si gustas de hacerme un bien tan grande
en consideración de mis servicios,
pues sabes que mis padres te criaron,
y que he sido tu esclavo desde entonces.   2765

CAMILO.   Floro, no pienses tú que a mí me pesa
que te cases con Celia porque tengo,
habiendo sido Celia cosa mía,
celos ahora, o juzgo que es mal término;
sino porque el amor que te he tenido,   2770
pensaba hacer de ti mejor empleo.
Ello es tu gusto; no te contradigo;
si está de Dios, el hombre no lo estorbe.
Ve por Celia a su casa, y hablaréla.

FLORO.   Más cerca está, señor.

CAMILO.   ¿Cómo?

FLORO.   Está en casa;   2775
que hoy vino a mi aposento.

CAMILO.   Ve por ella.

Va FLORO *por ella.*

¡Estrañas cosas hace este amor ciego!
A mí por una vieja me trae loco,
y aqueste Floro casa con mi amiga.
Pero esto estáme bien, pues me asegura   2780
de que no me persiga.

{Escena 19}
Vuelve a salir FLORO *y* CELIA.

FLORO.   Aquí está Celia

	y aqueste esclavo tuyo.	
CELIA.	El cielo sabe,	

CELIA.   El cielo sabe,
señor, si vengo a hablarte con vergüenza;
pero para una cosa que es tan justa
espero tu favor.

CAMILO.   Celia, yo pienso   2785
que el cielo te ha mirado pïadoso,
pues a tu vida ha dado tal remedio,
como es Floro mi amigo, y no criado;
padre tendréis en mí y amparo todo;
y el día que os caséis te daré, Celia,   2790
sin vestidos ni alhajas, mil ducados.
Vuélvela ahora, Floro, a tu aposento.

CELIA.   El cielo aumente esos gallardos años.

FLORO.   Dame, señor, aquesos pies.

CAMILO.   Levántate.

CELIA.   No hay príncipe como él.

FLORO.   Nadie le iguala.   2795

Se van FLORO *y* CELIA.

CAMILO.   Contento parte Floro, que es amante
que su gusto escogió con muchos ojos.
¡Ay de aquel necio que le tuvo a escuras!

{Escena 20}
Sale FLORO.

FLORO.   Con no haberse cerrado bien la noche,
aquel tu enmascarado está a la puerta.   2800
Fulgencio me lo dijo, y que este leas.

CAMILO.   ¿Que no quieren dejarme aquestas máscaras?

FLORO. ¿Todavía esta vieja me persigue?
Lee; veamos qué es lo que te escribe.

Lee.

CAMILO. «Creerse de ligero no es cordura,   2805
que suele resultar en propio daño;
y no tengáis temor de que es engaño,
que al fin el que es más fuerte poco dura.
Venid, Camilo, a ver mi fe tan pura,
que esta noche os darán el desengaño,   2810
o a lo menos la muestra de ese paño,
que por su afrenta defenderse jura.
No soy quien vos pensáis; y así, deseo,
aunque cual siempre guardaré mi fama,
desengañaros, como ya comienzo.   2815
No penséis que habéis hecho mal empleo,
ni a Circe presumáis tener por dama,
que en todo os soy igual, y en algo os venzo».
¿Hay cosa igual? Aquesta es hechicera
o yo he perdido, Floro, mi jüicio.   2820
¿Con esto sale ahora nuevamente?
¿Quiere enredarme con encantos nuevos?
Mas donde fue lo más, lo menos vaya.
Dame un jaco de presto.
FLORO.   Voy.
CAMILO.   Apriesa.
¿Guardar quiere su fama? Aquesta noche   2825
luz tengo de llevar, si allá me matan.
Ponme en una lanterna una bujía.
FLORO. ¿Muerta?
CAMILO.   Encendida, necio, mas cerrada,

de suerte que llevarla no se vea.
¡Que aun quiere hacerse hermosa aquesta fea! 2830

{Escena 21}
Se van. Salen Lucencio, Leonarda *y* Julia.

LUCENCIO.   Hasta hoy no había sabido,
                sobrina, aqueste suceso,
                de que estoy que pierdo el seso.
LEONARDA.   ¿Y que tan mal le han herido?
LUCENCIO.   ¿Cómo herido? Si no fuera   2835
                en Valencia[18] no escapara,
                que es la cirugía rara;
                y así, su salud se espera.
                La noche que de aquí fue
                con las cartas que escribimos   2840
                esas albricias le dimos.
LEONARDA.   Sin duda que hizo por qué.
LUCENCIO.   Él jura que a nadie habló,
                ni sabe por qué le dieron.
LEONARDA.   Y ¿no se sabe quiénes fueron?   2845
LUCENCIO.   Diera por saberlo yo
                la mitad de mi hacienda.
LEONARDA.   Y ¿no le hacéis regalar?
LUCENCIO.   A casa le he de llevar,
                y hacer que nadie lo entienda;   2850
                que es conveniente a tu honor.
                ¿Hay recado de escribir?

---

[18] En esa época Valencia contaba con buenos médicos y hospitales, y los estudios de medicina impartidos en su universidad gozaban de gran prestigio.

	Porque es razón advertir	
	a ese hidalgo y su señor.	
LEONARDA.	¡Hola! Poned unas velas	2855
	allá en mi cuadra.	
LUCENCIO.	Yo voy.	

Se van JULIA *y* LUCENCIO.
{Escena 22}

LEONARDA.	¡Que no me aprovechan hoy	
	con este viejo cautelas!	
	¡Cuando a Camilo he de ver,	
	tengo aquesta sombra en casa!	2860
	Pero bien lejos dél pasa,	
	y yo le sabré esconder.	

{Escena 23}
Sale JULIA.

JULIA.	Ya el viejo queda escribiendo.	
LEONARDA.	Urbán sin duda es venido.	

Salen URBÁN *y* CAMILO.

URBÁN.	No dirás que no he traído	2865
	tu ciego.	
LEONARDA.	En verle me ofendo.	
CAMILO.	¿Podréme ya descubrir?	
LEONARDA.	Lleva esas luces.	
CAMILO.	¿Qué aún dura	
	esto de ser dama escura?	
	Ya no se puede sufrir:	2870

	Heme aquí que me descubro.	
	¿Qué importa, si ciego estoy	
	para el desengaño de hoy?	
LEONARDA.	Por quien soy, de vos me encubro.	
	Pero no saldréis de aquí	2875
	sin que vais desengañado,	
	y habéisme mucho agraviado	
	con pensar eso de mí.	
	Y fue sin duda locura	
	no reparar en que ha sido	2880
	la dama que habéis tenido	
	menos espantosa y dura;	
	que no es un hombre tan ciego,	
	que así sus manos le engañen,	
	para que le desengañen	2885
	vanos pensamientos luego.	
	Pero sois mozo, en efecto,	
	y no poco confiado;	
	y ansí, en lo escrito y hablado,	
	no habéis andado discreto.	2890
	Mas quiérooslo perdonar	
	no más de por lo que os quiero.	
CAMILO.	Disculpa daros espero,	
	si es que me pude engañar;	
	pero si luz no ha de haber,	2895
	no procuréis desengaño;	
	que quien hizo aquel engaño,	
	otros muchos sabrá hacer.	
LEONARDA	Pues luz no la imaginéis.	
CAMILO.	¿Eso es ya resolución?	2900
LEONARDA.	Aunque os pierda, está en razón	
	que con luz no me gocéis.	

CAMILO.	Pues burlar a un caballero	
	tampoco, señora, es justo.	
	Daros quiero un gran disgusto.	2905
	Luz traigo, y veros espero.	

Descubre la luz.

	¡Jesús! ¿No sois la vïuda	
	que yo tantas veces vi?	
LEONARDA.	¡Ay, desdichada de mí!	
CAMILO.	Ya mi mal en bien se muda.	2910
LEONARDA.	¿Ese es término de hidalgo?	
CAMILO.	Del rostro, la mano alzad.	
LEONARDA.	¿Hay tal fuerza? ¿Hay tal maldad?	

{Escena 24}
Sale LUCENCIO.

LUCENCIO.	Leonarda, a tus voces salgo.	
	¿Cómo es aquesto? ¡Hombre aquí,	2915
	y hombre con desnuda espada!	
CAMILO.	Estuvo siempre envainada,	
	y desnudóse por ti.	
LUCENCIO.	Saca una luz, llama gente.	

Va JULIA *y saca un hacha.*

LEONARDA.	Señor, esto es hecho ya;	2920
	poner silencio será	
	remedio más conveniente.	
	Aqueste hidalgo es Camilo,	
	a quien tú conoces bien;	

	quiéreme bien, y también	2925
	yo a él por el mismo estilo.	
	Si fuere voluntad suya,	
	yo quiero ser su mujer.	
LUCENCIO.	Como estéis de un parecer,	
	yo gusto que se concluya.	2930
	Más blando, señor armado,	
	que os conocí muy pequeño.	
CAMILO.	Vos sois mi padre y mi dueño.	
	Haced lo que os han rogado.	
LUCENCIO.	Ve, Urbán, y llama testigos.	2935
URBÁN.	Yo voy volando.	

Se va.

LUCENCIO.	¡Esto pasa!
	¿Cuando estoy, sobrina, en casa,
	tienes en casa enemigos?
	¿Para qué escribir me hacías,
	si en este negocio andabas? 2940

{Escena 25}
Salen URBÁN, OTÓN, LISANDRO, VALERIO *y* FLORO.

LEONARDA.	¿Por qué un pueblo no llamabas,	
	o media ciudad traías?	
URBÁN.	Estaban casi a la puerta.	
LUCENCIO.	Ellos están bien llamados;	
	caballeros son honrados.	2945
	Oigan cómo se concierta	
	que Camilo con Leonarda	
	se ha de casar, y lo juran.	

VALERIO.	Justamente lo procuran:	
	él noble, y ella gallarda.	2950
	Hoy de mil tesoros llenos	
	os haga el cielo a los dos,	
	y goceisos, ruego a Dios,	
	por muchos años y buenos.	
FLORO.	En un día mi señor	2955
	y yo nos hemos casado.	
LISANDRO.	Casamiento tan honrado	
	vuelve en olvido mi amor.	
	Mejor que en reinos ajenos	
	y con el bien que tenéis,	2960
	estaréis donde os gocéis	
	por muchos años y buenos.	
URBÁN.	¿No me dan a Julia a mí?	
LEONARDA.	De hoy más será tu mujer.	
OTÓN.	El testigo vengo a ser,	2965
	aunque pretendiente fui.	
	Mas confieso que soy menos;	
	y así, tan bien escogéis,	
	que es bien que este bien gocéis	
	por muchos años y buenos.	2970
LISANDRO.	¿Será la boda?	
LUCENCIO.	Mañana.	
VALERIO.	¿Tan presto?	
LUCENCIO.	Conviene así.	
CAMILO.	Pues bien es que acabe aquí	
	La vïuda valenciana.	

Fin de la famosa comedia *La vïuda valenciana.*

DESPUÉS DE LA LECTURA

Del Barroco a nuestros días: contrastes y huellas

Discreta fue Leonarda (así lo es vuesa merced y así se llama)
en hallar remedio para su soledad, sin empeñar su honor; que
como la gala del nadar es saber guardar la ropa, así también lo
parece acudir a la voluntad sin faltar a la opinión.

1. La cita, entresacada de la dedicatoria que precede a la obra, alude explícitamente a la segunda parte de su título: *La viuda valenciana o el arte de nadar y guardar la ropa.* ¿Habías oído alguna vez esa expresión? Averigua su origen y significado; luego, aclara el sentido que adquiere en su contexto: ¿por qué la usa Lope?, ¿cuál es su intención?

2. Basándote en lo que apuntábamos en la introducción sobre la variedad métrica en la obra, te propongo que busques ejemplos de los diferentes tipos de estrofas y analices si, como Lope aconseja en su *Arte nuevo,* su uso se ajusta a la situación y a los temas.

3. Como te habrás dado cuenta, la obra carece de acotaciones escénicas, tal como las entendemos hoy: solo se explicita la entrada o salida de personajes y las indicaciones espaciotemporales se insertan en el diálogo, están implícitas. Elige una escena, o parte de ella, y reescríbela con las acotaciones que consideres pertinentes.

4. Las primeras escenas nos presentan a la protagonista con un libro entre las manos —de fray Luis de Granada, deducimos— destacando el valor de la lectura: «Gustosa conversación /es cualquier libro discreto, / que si cansa, de hablar deja; / es amigo que aconseja / y reprehende en secreto». Relee todos esos versos y comenta si para ti tiene parecido valor. Por cierto, ¿crees que hoy se lee menos que antes?

5. En la introducción destacábamos la función de «espejo» de la comedia, en especial como reflejo de la situación de la mujer en la época, reducida al ámbito de la casa. Son muchos los tratados que se escriben sobre el tema. Incluso se llega a justificar la maledicencia social si a la mujer le gusta frecuentar la calle. Así Pedro de Luján llega a afirmar: «No se maraville ninguna mujer si en soltando los pies para andar, sus enemigos y aun sus amigos suelten las lenguas para infamar y juzgar»; o hasta fray Luis excusa una costumbre aberrante que perduró hasta el siglo xx: «Los chinos en naciendo, les tuercen a las niñas los pies, porque cuando sean mujeres no los tengan para salir fuera, y porque para andar en su casa aquellos torcidos les bastan». Intenta encontrar en la obra alusiones en parecido sentido y busca otras citas que nos permitan conocer lo que se decía sobre la mujer (seguro que encuentras alguna muy «jugosa»).

6. Como es de suponer por su título, en la obra se describe ampliamente lo que significaba el estado de viudez. Si el ser mujer suponía grandes trabas, el hecho de ser viuda agravaba sobremanera la situación. Estaban continuamente expuestas a «ser de la invidia infamadas», es decir, a la murmuración y la crítica, y se cuestionaba su honra tanto si permanecían en ese estado como si, por el contrario, tomaban segundas nupcias. Busca en la comedia lo que se dice al respecto y saca unas conclusiones sobre la situación social de las viudas en la época.

7. Las referencias al honor, bien con este término o sus próximos —fama, honra, opinión— salpican buena parte de las escenas. El concepto alcanza su cima con Calderón de la Barca. Infórmate sobre cómo se entendía y con qué rigor se aplicaba el famoso «honor calderoniano» y compáralo con cómo lo trata Lope en esta obra. Por otro lado, piensa si algo parecido a esa concepción del honor sigue vigente en algunas comunidades o grupos religiosos hoy.

8. Son muchos los versos que ponderan el poder del amor y sus efectos: *Estoy sin entendimiento del mal de la voluntad; ¡Amor, esto podéis vos!, ¡Extrañas cosas hace este amor ciego!...* Rastrea en la comedia los que creas más representativos y completa lo expuesto en la introducción sobre este tema. ¿Qué es para ti el amor?

9. La obsesión de Lope por hablar de sí mismo y trasladar a lo literario lo vivido se plasma en los heterónimos que usa para referirse a sí mismo. Unas veces bajo el nombre de Zaide, otras como Bernardo o Tomé Burguillos, es Lope quien está detrás. Averigua en qué episodio de su vida está inspirado el romance *Mira, Zaide, que te digo,* y a partir de él, justifica la imbricación vida-literatura en este autor.

10. Hablar de la personalidad de Lope no es sencillo. Podríamos intentar hacer un campo semántico con los adjetivos que tradicionalmente se le han atribuido y nunca lo daríamos por cerrado. Te cito algunos: pendenciero, apasionado, arrepentido, orgulloso, servil, aventurero, familiar, contradictorio, vital, excesivo, enamorado, enamoradizo...; y, en términos más actuales: estrella pop, trapero de la corte, productor de sí mismo... Trata de explicar en qué sentido se le aplican.

11. Supongo que sabes por qué llamamos Siglo de Oro a esta época: ¡Cervantes, Lope, Quevedo, Góngora, Calderón... confluyendo a un tiempo! Y además en un espacio, Madrid, donde se había establecido la corte en 1561. Y con personalidades, reconocimientos y estilos (conceptistas-culteranos) muy diferentes. Sus relaciones no fueron fáciles: se admiraban, se criticaban, se envidiaban, se intercambiaban puyitas tanto en lo personal como en lo literario... Averigua cómo se relacionaban entre ellos y pon ejemplos de las «cortesías» que se intercambiaban.

12. Relacionado con lo anterior, la serie de RTVE *El ministerio del tiempo* dedica alguno de sus episodios a nuestros autores. Así, por ejemplo, *Tiempo de gloria* se centra en Lope; de su relación con Cervantes trata el episodio *Tiempo de hidalgos;* otro interesante es el titulado *Tiempo de Esplendor.* Te invito a visionar los episodios citados y a indagar qué otros autores protagonizan o figuran en otros episodios de esa serie.

13. Como sabemos, hasta época reciente, la organización patriarcal ha alcanzado todos los ámbitos sociales, determinando que la historia y la literatura se hayan escrito y trasmitido dejando de lado a la mujer. Por ello, cuando hablamos de nuestros autores de los siglos de Oro se suele desconocer que también —aparte de santa Teresa o sor Juana Inés de la Cruz—, había autoras de la talla de María de Zayas o Ana Caro de Mallén. Respecto a esta dramaturga, aunque gran parte de su obra fue destruida, nos han llegado entre otras dos comedias: *Valor, agravio y mujer* y *El conde de Partinuplés*. Infórmate sobre esta autora, comenta las diferencias de su teatro con el de sus coetáneos masculinos y averigua si la segunda comedia citada puede guardar alguna relación —respecto a sus fuentes— con *La viuda valenciana*.

14. Relacionado con lo anterior, la óptica patriarcal dominante, hay que explicar el hecho de no haberse conservado la mayor parte de la obra de sor Marcela de San Félix. De ella solo hemos apuntado en la introducción que ingresó en un convento, pero te resultará interesante averiguar más datos sobre esta hija del Fénix: la relación con su padre, los motivos de su ingreso, su faceta heredada como escritora de teatro religioso y lírica...

15. No te va a sonar pero es muy conocido un chotis del pasado siglo que empieza: *«Cuando vengas a Madrid, chulona mía»*, Lo traigo a colación para invitarte a realizar un recorrido literario por el Madrid lopesco, por el llamado Barrio de las Letras. Visitarlo es trasladarse al mundillo y ambiente de nuestros autores dorados, especialmente de Lope: su casa, el convento de Marcela, la iglesia donde fue bautizado, el teatro español; igualmente, las calles de Cervantes y Quevedo, el mentidero de la calle de León, la calle de la Cruz... Imagina que eres un guía turístico: hazte con un plano, traza el itinerario que crees conveniente seguir y prepara la información pertinente para cada lugar.

16. Algo parecido a la actividad anterior podemos hacer centrándonos en Valencia. Se trata de trazar un recorrido turístico que se pudiera titular *La Valencia de Lope de Vega:* recopilar qué lugares o monumentos se citan, averiguar si siguen en pie, han desaparecido o cambiado de nombre; indagar qué otras obras están ambientadas también en esta ciudad...

17. Cuando visites el Museo del Prado, no olvides buscar el cuadro *Sor Marcela de San Félix viendo el entierro de su padre,* de Ignacio Suárez Llanos. El óleo refleja lo multitudinario que fue el entierro de Lope y se centra en el momento en que el cortejo fúnebre pasa delante del convento de su hija. Te invito a buscar la imagen en internet y luego hacer una descripción o una interpretación de esta pintura.

18. A continuación, tienes parte del precioso poema con que José Hierro imagina a Lope de Vega en sus últimos años, cuidando a Marta de Nevares. Como en la introducción nos hemos limitado a una enumeración superficial de azares amorosos, podemos utilizar estos versos para profundizar un poco. Infórmate sobre su relación y sobre las circunstancias en que Lope vivió su último gran amor; luego, busca el poema completo y comenta lo que te sugiera.

LOPE. LA NOCHE. MARTA

[...] La Noche trae entre los pliegues de su toga
un polvillo de música, como el del ala de la mariposa.
Una música hilada en la vihuela
del maestro del danzar, nuestro vecino.
En la cocina la estará escuchando Marta;
danzará, mientras barre el suelo que no ve,
manchado de ceniza, de aroma, de trigo candeal,
de jazmines, de estrellas, de papeles rompidos.
Danza y barre Marta.

Pido a la Noche que se vaya. Hasta mañana. Noche.
Déjame que descanse. Cuando amanezca regaré el jardín,
saldré después a decir misa
—Deus meus, Deus meus, quare tristis est anima mea—
luego volveré a casa, terminaré una epístola en tercetos,
escribiré unas hojas

de la comedia que encargaron unos representantes.
Que las cosas no marchan bien en el teatro,
y uno no puede dormirse en los laureles.

Hasta mañana, Noche.
Tengo que dar la cena a Marta,
asearla, peinarla (ella no vive ya en el mundo nuestro),
cuidar que no alborote mis papeles,
que no apuñale las paredes con mis plumas
—mis bien cortadas plumas—,
tengo que confesarla. «Padre, vivo en pecado»
(no sabe que el pecado es de los dos),
y dirá luego: «Lope, quiero morirme»
(y qué sucedería si yo muriese antes que ella).
Ego te absolvo.

Y luego, sosegada, le contaré, para dormirla,
aventuras de olas, de galeones, de arcabuces, de rumbos marinos,
de lugares vividos y soñados: de lo que fue
y que no fue y que pudo ser mi vida.

Abre tus ojos verdes, Marta, que quiero oír el mar.